# *Havres d'espoir*

## Processus de planification pour la réussite de l'école et des élèves

**Wayne Hulley**
**Linda Dier**

Solution Tree

Titre original :
Harbors of Hope: The Planning for School and
Student Success Process
© Solution Tree (anciennement National Educational Service), 2005
304 West Kirkwood Avenue
Bloomington, Indiana 47404-5131
(812) 336-7700
1 800 733-6786 (sans frais)
Télécopieur : (812) 336-7790
Courriel : info@solution-tree.com
www.solution-tree.com

Traduction : Marie Lauzon

Pour la traduction française :
© Solution Tree, 2005

Conception graphique de la couverture : Grannan Graphic Design Ltd.
Composition du texte : T.G. Design Group

Imprimé aux États-Unis

ISBN: 1-932127-99-2

# *Dédicace*

Cet ouvrage est dédié à tous les travailleurs du monde de la pédagogie qui œuvrent dans le but d'inspirer l'espoir et d'assurer un meilleur avenir à tous leurs élèves.

# Table des matières

*Les auteurs*

# Wayne Hulley et Linda Dier

 **Wayne Hulley, B.A., M.Éd., M.A.,** est président de l'entreprise Canadian Effective Schools, inc. à Burlington, en Ontario. Il a tenu tour à tour les postes d'enseignant, de directeur d'école et de surintendant dans la région de Toronto. Son travail dans le domaine de l'amélioration des écoles dure depuis 35 ans et lui a permis de travailler dans des écoles et des commissions scolaires partout en Amérique du Nord. Il a enseigné la théorie de la motivation dans trois grandes universités et tient le rôle de consultant principal auprès de l'entreprise FranklinCovey. En association avec Solution Tree, il présente des ateliers, des séminaires et des sessions d'étude intensives sur les sujets des écoles efficaces et de l'amélioration scolaire. Wayne peut être joint à l'adresse suivante : canadianeffectiveschools@sympatico.ca.

**Linda Dier, B.A., B.Éd., M.Éd.,** collabore avec l'entreprise Canadian Effective Schools, inc. en tant que consultante principale et administratrice de la Canadian Effective Schools League. Sa carrière en pédagogie couvre plus de trois décennies : elle a travaillé en Saskatchewan et au Manitoba en tant qu'enseignante de la maternelle à la douzième année et en tant que musicologue, conseillère scolaire et gestionnaire. Dans son travail d'administration, elle a tenu tout à tour les rôles de directrice adjointe d'école, de directrice d'école et de surintendante adjointe. Elle a enseigné à l'Université du Manitoba et est membre associé du cabinet LDG Consulting Group. Linda présente des ateliers et offre du soutien à la formation dans le domaine de la planification du succès des élèves et des établissements d'enseignement. On peut la joindre à l'adresse suivante : canadianeffectiveschools@shaw.ca ou au ldier@shaw.ca.

# L'efficacité, l'efficience et l'excellence

Les tentatives de réforme scolaire au Canada et aux États-Unis ont de nombreux points communs. Généralement, la réforme est lancée par des décisionnaires à l'échelon provincial ou fédéral, puis prend la forme de directives hiérarchiques établies de mandat en mandat, et qui décrivent les résultats que les écoles doivent atteindre. La nécessité de réformer les systèmes scolaires des deux pays devient de plus en plus évidente, à mesure que nous progressons sur la piste de la technologie de l'information. Toutefois, le problème de la plupart des initiatives de réforme en est un de méthode : en effet, elles dictent aux gestionnaires locaux ce qu'ils doivent produire, mais n'offrent aucune information quant aux moyens à prendre pour y arriver. Elles n'indiquent pas non plus comment gérer efficacement les changements apportés au système en place. Par conséquent, les pédagogues recherchent aujourd'hui désespérément une « théorie de l'action » qui leur permettra de répondre au mieux à l'appel de la réforme.

Cet ouvrage contient une telle théorie. Avec *Havres d'espoir : processus de planification pour la réussite de l'école et des élèves*, Wayne Hulley et Linda Dier offrent un processus pratique et éprouvé pour guider les actions de l'établissement scolaire. Les études de cas présentées par les auteurs prouvent sans équivoque que les pédagogues qui se dédient à la vision et aux valeurs qui sous-tendent l'« apprentissage pour tous, par tous les moyens » peuvent apporter un changement considérable dans leur école. La méthodologie présentée par Hulley et Dier est éprouvée de longue date et peut être appliquée et gérée efficacement dans n'importe quelle école.

L'essentiel de ce livre se base sur les leçons apprises au cours du dernier quart de siècle dans la recherche sur les écoles efficaces. J'ai eu le privilège d'avoir participé à ce domaine de recherche et à l'application de ses théories d'action pendant presque toute cette période. Je sais que les enseignants et les administrateurs scolaires sont de bonnes personnes qui tentent de bien agir, au nom des élèves qu'ils desservent. Je sais que la plupart d'entre eux font du mieux qu'ils peuvent dans le système et les circonstances qui s'offrent à eux. Je sais que, dans les bonnes conditions et avec le soutien et l'encouragement nécessaires, la plupart modifieraient leurs pratiques professionnelles s'ils étaient convaincus que les élèves en bénéficieraient. Si les enseignants et les dirigeants scolaires appliquent la sagesse et les conseils offerts dans cet ouvrage, de bonnes choses arriveront à nos enfants.

Trois termes clés soutiennent la thèse de ce livre pour l'amélioration de l'établissement scolaire. L'« efficacité » est souvent définie comme une qualité de ce qui produit le résultat souhaité. Les auteurs commencent donc par demander à la communauté pédagogique d'approfondir la compréhension de sa raison d'être et de ses valeurs de base. L'« efficience » consiste à produire non seulement le résultat souhaité, mais encore à le produire de la bonne façon. L'harmonisation du programme d'études et des pratiques d'enseignement, telle que le recommandent les auteurs, permet de garantir que le système sera à la fois efficace et efficient. Le troisième terme souvent employé, soit l'« excellence », s'applique à ce qui produit le résultat souhaité, de la bonne façon, et mieux que la moyenne.

Les écoles qui, selon les normes établies par les auteurs, peuvent porter le titre de havres d'espoir peuvent aussi se vanter d'être tout à la fois efficaces, efficientes et excellentes. Le pédagogue motivé apprendra énormément en étudiant ces havres d'espoir et les stratégies qui ont guidé leur parcours. L'un des aspects de cette transformation qui me motive personnellement est que chaque école détient le potentiel nécessaire pour devenir un havre d'espoir, dès lors que les adultes au service de cette école choisissent de s'y dédier.

—Lawrence W. Lezotte

Effective Schools Products, Ltd.

Okemos, Michigan

# *Introduction*

# Créer des havres d'espoir

L'ère de la réforme scolaire dure depuis de nombreuses années; toutefois, la plupart des initiatives qui en sont issues, du mouvement d'excellence du milieu des années 1980 au mouvement de restructuration des années 1990, n'ont pas produit les résultats escomptés. Cet échec n'est pas dû aux lacunes théoriques de ces initiatives, mais bien au fait qu'elles ne tenaient pas compte de la complexité de la dynamique humaine au sein du système scolaire. Aujourd'hui, la conjoncture politique, les examens gouvernementaux et les restrictions budgétaires s'ajoutent aux contraintes déjà ressenties par les systèmes scolaires et font en sorte que la pression relative au changement est de plus en plus forte.

Les mouvements de réforme passés avaient, pour la plupart, ce point commun : ils privilégiaient le côté cognitif, rationnel, théorique de l'enseignement. Cependant, l'expérience nous a appris qu'on doit également tenir compte de la composante subjective, ou émotionnelle, dans le processus d'amélioration des écoles. Nous sommes convaincus que ce processus est tout autant un acte d'amour qu'un acte intellectuel. Nous donnons aux écoles qui ont accompli de grands succès et atteint l'efficacité le nom de « havres d'espoir » pour une raison très simple : les membres de leur personnel mettent l'accent sur l'espoir et sont prêts à entreprendre non seulement une restructuration, mais une véritable transformation culturelle de l'établissement afin d'atteindre leurs objectifs.

La recherche sur les écoles efficaces des trois dernières décennies a prouvé maintes et maintes fois que les écoles peuvent contrôler suffisamment de variables pour garantir que les élèves apprennent et se comportent adéquatement dans le milieu scolaire. Cette recherche démontre que lorsque les enfants se sentent en sécurité et comprennent qu'ils sont en mesure d'atteindre la réussite, leurs comportements, leurs attitudes et leur assiduité s'améliorent unilatéralement. Les écoles efficaces planifient activement une amélioration continue de l'école et s'engagent à remplir la mission de l'apprentissage pour tous, par tous les moyens.

Les écoles qui contribuent à la vie de tous leurs élèves sont des lieux exceptionnels, où l'espoir alimente chacune des activités et où l'avenir des enfants se crée quotidiennement. On y retrouve une combinaison de caractère et de compétence, qui permet de créer les conditions et le soutien nécessaires à l'apprentissage et à la réussite de tous les élèves. Fullan (1993) soutient que la planification technique n'a pas su produire les changements attendus dans le milieu scolaire et que la pression politique s'est révélée tout aussi inefficace. Il suggère que l'innovation doit se baser sur une compréhension approfondie des interrelations complexes entre les émotions, l'espoir, la sympathie et la mission commune. Une véritable réforme scolaire exige une passion et un espoir partagés.

L'espoir est une puissante émotion. Souvent, l'espoir d'un avenir meilleur permet à des personnes qui se retrouvent devant des difficultés en apparence insurmontables de persévérer, malgré tout. L'espoir est une forme d'optimisme qui, à la limite, peut même sembler injustifiée; c'est le catalyseur qui alimente la persévérance. Dans le contexte scolaire, l'espoir équivaut à la conviction que tous les enfants sont capables d'apprendre et que le personnel scolaire est en mesure de transformer cette conviction en réalité.

Le processus d'amélioration des écoles est une aventure entreprise par des personnes motivées et passionnément engagées à insuffler et à soutenir l'espoir nécessaire à tous les membres de la communauté. Imaginez des équipes qui collaborent en partageant des valeurs communes et en s'unissant pour établir un environnement privilégié, où une planification peut être établie et des stratégies d'amélioration élaborées dans un contexte de soutien et de protection. Nous appelons ces lieux des « havres d'espoir », et considérons le processus d'amélioration planifiée comme une série d'aventures excitantes sur le parcours qui permet d'y arriver.

L'aventure de l'amélioration scolaire peut aussi nous mener vers des océans inconnus, où la tempête de la controverse soufflera et les conditions du parcours seront parfois difficiles. Les havres d'espoir sont peuplés de gens passionnés, motivés par l'espoir et inspirés par le désir de faire une différence. Ce sont des lieux où le personnel scolaire se sent soutenu et encouragé dans l'expérimentation de nouvelles méthodes qui permettront de contribuer au succès de tous les élèves qui naviguent dans ces eaux.

Le premier chapitre de ce livre rapporte le récit d'écoles exceptionnelles que nous avons appris à connaître et qui se méritent le titre de havres d'espoir. On retrouve dans tous ces établissements des niveaux de caractère et de compétence remarquables et chacun d'eux a eu un impact significatif sur l'apprentissage et le développement de ses élèves. Ces écoles sont bien différentes l'une de l'autre, mais nous constatons qu'elles partagent aussi des caractéristiques communes. Nous emprunterons des éléments de chacune de ces histoires vécues afin de définir des processus permettant de créer des havres d'espoir, du moment que la passion du personnel est suffisante pour motiver une transformation culturelle. Les chapitres suivants décrivent les compétences et méthodes nécessaires pour améliorer les résultats des élèves et de l'école dans son ensemble.

Cet ouvrage s'inspire aussi du travail de collègues reconnus en tant que leaders dans le monde de la pédagogie, ainsi que de nos propres observations et expérience. Nous avons été inspirés tout au long de la rédaction du livre par les paroles de feu Ron Edmonds (1982), qui écrivait :

> (...) nous sommes en mesure d'enseigner à tous nos enfants et de leur garantir la réussite scolaire, du moment que nous décidons de le faire. Nous en savons déjà plus que le nécessaire pour y parvenir. Notre décision de le faire ou non dépend, au bout du compte, de la façon dont nous percevons notre lacune à le faire jusqu'à présent. (p. 11)

Nous croyons que tous les enseignants ont à cœur leur travail auprès des enfants. Ce livre célèbre les efforts d'amélioration scolaire accomplis jusqu'à présent; il vous aidera à planifier l'avenir avec une meilleure compréhension de ce qui est nécessaire pour une amélioration durable de l'école et vous fournira les connaissances et les outils nécessaires pour y parvenir.

Nous ne pouvons pas diriger les vents qui soufflent sur les océans de la pédagogie, mais nous pouvons ajuster nos voiles. Ceci est donc une invitation à partir avec nous dans cette grande aventure qui vous mènera à créer votre propre havre d'espoir !

—Wayne Hulley et Linda Dier

*Première partie*

# Havres d'espoir :
## des écoles de caractère
## et de compétence

# Chapitre 1

# Havres d'espoir :
# trois écoles qui ouvrent
# la voie

Lors de la préparation de ce livre, nous avons décidé de privilégier l'aspect pratique, soit la planification et les activités qui mènent à une amélioration des résultats d'apprentissage pour tous les élèves. Plutôt que de présenter d'emblée des résultats de recherche pédagogique, nous avons choisi de décrire des exemples d'écoles bien réelles qui, selon nous, sont de véritables havres d'espoir. L'école communautaire Sacred Heart de Regina, en Saskatchewan, accueille des élèves de la communauté urbaine de cette ville des Prairies. Une vision claire et un personnel dédié ont permis à cet établissement d'améliorer de façon significative les résultats de ses élèves et de leur donner l'espoir d'un succès continu dans leur carrière éducative. L'école intermédiaire Lawrence Heights de Toronto avait connu un historique de résultats insatisfaisants et de problèmes de comportement. Par l'introduction d'activités soigneusement planifiées, le personnel a été en mesure d'aider tous ses élèves à s'améliorer. L'école secondaire Monticello de Charlottesville, en Virginie, avait ouvert ses portes en 1998 et avait eu de la difficulté à attirer une clientèle suffisante, puisque les parents croyaient que l'école aurait de la difficulté à atteindre les niveaux de rendement atteints par les autres écoles du district. Le personnel de cette école fit alors à la communauté la promesse d'assurer la réussite scolaire de ses élèves et, sur une période de deux ans, a su prendre les moyens pour remplir cette promesse. Nous considérons ces écoles comme des havres d'espoir, et les paragraphes qui suivent les décrivent plus en détail.

## École communautaire Sacred Heart : un havre d'espoir en Saskatchewan

En 1994, lorsque Loretta Tetrault devint directrice de l'école communautaire Sacred Heart, elle s'embarquait dans une aventure dont elle-même ne pouvait prévoir l'ampleur. Sacred Heart est une école en milieu urbain de la ville de Regina, en Saskatchewan, qui dessert 350 élèves, de la prématernelle à la huitième année. La plupart de ses élèves vivent dans la pauvreté et plus de 60 % sont d'ascendance amérindienne. Le taux de roulement atteint 30 % annuellement. Lorsque Loretta prit l'établissement en main, les résultats des examens provinciaux pour l'école se traduisaient par un rendement des élèves équivalent à deux années scolaires sous la moyenne. Les suspensions atteignaient 127 journées complètes par an et les incidents de violence étaient très fréquents. Les relations entre élèves, parents et enseignants étaient marquées par la frustration et le blâme. Bref, l'école était en crise.

La nouvelle directrice se retrouvait devant un personnel démotivé qui, bien que profondément concerné par le bien-être de ses élèves, avait perdu tout espoir de changer la vie de ces enfants. Loretta savait que la première étape à suivre consistait à travailler avec ses enseignants pour raviver leur confiance en eux.

Elle devait aussi les convaincre de ne pas se laisser décourager dans leurs efforts auprès des élèves par les difficultés des relations avec la communauté ou les familles. Toute la population de Sacred Heart s'apprêtait à s'embarquer dans une aventure véritablement remarquable de transformation de la culture scolaire.

Bien que Loretta ait été directrice de Sacred Heart lorsque les initiatives d'amélioration scolaire ont débuté, c'est à ses enseignants qu'elle accorde la palme pour le succès atteint. « Je veux bien être félicitée pour avoir lancé le processus », dit-elle, mais précise que « les 'je' se sont rapidement transformés en 'nous' lorsque les résultats de nos efforts ont commencé à se faire sentir » (Effective Schools League, 2004).

## Un renouveau qui part de l'intérieur

Loretta et son personnel avaient compris qu'ils devaient changer leurs méthodes s'ils voulaient avoir un effet positif sur les résultats et les comportements des élèves de l'école. Ils en conclurent que pour réussir, ils devraient mettre fin à l'isolement des enseignants et se lancer dans le travail d'équipe. Pour commencer, ils étudièrent les sept corrélats des écoles efficaces décrits par Lawrence Lezotte et ses associés (voir ci-dessous) et optèrent de concentrer leurs premiers efforts sur deux de ces corrélats : la création d'un « environnement sûr et ordonné » et d'un « climat d'attente élevée pour la réussite ». Ils entamèrent également une étude de la recherche en cours sur l'apprentissage neuromimétique, les styles d'apprentissage, les différents types d'intelligence, l'intelligence émotionnelle, l'enseignement différencié et les effets de la pauvreté.

Le personnel tout entier s'engagea à établir un environnement chaleureux et plein de bienveillance, où les élèves pourraient être fiers de leur culture tout en acceptant la responsabilité de leur

**Les sept corrélats des écoles efficaces**

1. Leadership pédagogique
2. Mission claire et précise
3. Environnement sûr et ordonné
4. Climat d'attente élevée pour la réussite
5. Évaluation fréquente du progrès des élèves
6. Relations constructives entre la maison et l'école
7. Occasions d'apprentissage et répartition du temps accordé à chaque sujet

comportement et de leur apprentissage. La mission énoncée par le personnel consistait à offrir un milieu sûr et ordonné, ainsi qu'à améliorer les résultats scolaires de leurs élèves qui, pour la plupart, vivaient dans la pauvreté. Sacred Heart commença son parcours de transformation en havre d'espoir en mettant au point un plan de responsabilité scolaire. Ce plan se basait sur l'engagement du personnel à traiter chacun de ses élèves avec dignité et respect, tout en collaborant pour établir un milieu sûr et ordonné. Simultanément, le personnel de l'école entamait une étude des méthodes à employer pour encourager les efforts constructifs des élèves, afin de renforcer leurs choix positifs.

**Penser plus loin**

En bâtissant sa culture de collaboration, le personnel de l'école Sacred Heart se mit à penser de façon constructive aux problèmes qui se présentaient dans l'établissement. Par exemple, l'année précédente, les enseignants avait eu des difficultés

---

**Jalons de la réussite**

**1995–1996 : Objectifs du plan de responsabilité**

1. Traiter chaque élève avec dignité et respect :
   - Appliquer des suspensions intra-muros plutôt qu'à l'extérieur de l'établissement
   - Aménager une salle de repos propice à la réflexion et à l'enseignement
2. Reconnaître les efforts constructifs :
   - Mettre en œuvre un système de « modèle positif »
   - Établir des objectifs de classe hebdomadaires
   - Développer un programme de récompenses pour l'assiduité, l'attitude et l'accomplissement (AAA)

---

avec un groupe de cinquième année connu sous le nom de « la classe du diable ». Ces élèves pleins d'énergie présentaient un grand potentiel de leadership, mais aucun moyen légitime de le canaliser. Après de longues délibérations, le personnel décida d'établir deux modèles de classe entièrement nouveaux où ces élèves, maintenant en sixième année, travailleraient auprès d'élèves de deuxième année. Les enseignants espéraient qu'en plaçant ces élèves de sixième année dans une position de leadership et en leur donnant un rôle de modèle pour les élèves de deuxième, ils leur permettraient de canaliser leur énergie. La valeur de cette théorie fut si brillamment démontrée qu'à la fin de l'année, « la classe du diable » avait mérité un nouveau surnom : « les sains esprits ». Depuis cette première expérience, la stratégie s'est ancrée si fermement dans la culture de l'école qu'aujourd'hui encore, toutes les classes sont ainsi jumelées, mises à part celles de maternelle.

À mesure que le personnel appliquait son plan de responsabilité et mettait au point le jumelage des classes, il constatait que ses efforts commençaient à produire des résultats en classe. Cependant, les périodes non structurées – avant et après la journée scolaire, les récréations et l'heure du repas – étaient encore une source de difficultés. Les élèves de Sacred Heart se bagarraient avec les élèves d'écoles voisines en se rendant à l'école et à la sortie des classes. De nombreuses difficultés apparaissaient également pendant les périodes de récréation et de repas, alors que les élèves revenaient à des comportements problématiques. Il était donc clair que la transformation culturelle devait être appliquée de façon plus large. Après avoir tenu des discussions avec les élèves, le personnel planifia des modifications à l'horaire quotidien afin d'éliminer ces périodes à problèmes. Le plan proposait un horaire simple composé de cours le matin, d'une demi-heure de repas le midi, puis de cours l'après-midi. La proposition de modification fut transmise au bureau régional, où les administrateurs obtirent une approbation du gouvernement provincial. La table était mise.

Dans l'horaire révisé, les élèves n'avaient plus de simples périodes de récréation, car le personnel avait réalisé qu'ils avaient besoin d'une soupape pour canaliser positivement leur énergie. Ils avaient aussi compris que si les élèves pouvaient libérer cette énergie et être en meilleure condition physique, ils seraient en mesure d'apprendre plus efficacement. On organisa donc deux périodes d'activité physique quotidiennes pour chacune des classes, l'une au gymnase, l'autre à l'extérieur. Les activités de ces périodes, minutieusement planifiées, visaient à encourager les compétences pour le travail d'équipe et le respect de règles simples. Les élèves étaient également invités à rester à l'école pour la période de repas d'une demi-heure, ce que la plupart d'entre eux firent. Le personnel de soutien et des parents bénévoles supervisaient les élèves pendant cette période et organisaient des jeux et des activités pour ceux qui avaient terminé de manger.

En mettant en place des valeurs et des structures soutenant un environnement sûr et bien organisé, le personnel de l'école Sacred Heart a pu concentrer ses efforts sur la réussite des élèves. Ses recherches l'on amené à conclure qu'il était temps de refondre le programme de soutien pédagogique afin de passer outre au modèle de retrait de la classe, qui était traditionnellement employé. En fait, la plupart des élèves de l'école se trouvaient à un niveau d'apprentissage bien en deçà de leur niveau scolaire : un plan était donc nécessaire pour que le personnel puisse mesurer et suivre les progrès de chacun des élèves. Un programme d'intervention précoce fut alors mis au point pour les élèves de la maternelle à la troisième année; de la quatrième à la huitième année, on établit un modèle de soutien direct en classe par la co-planification et l'enseignement en équipes. Ces changements apportés au programme de soutien pédagogique produisirent rapidement des améliorations dans les résultats et les attitudes des élèves. Les enseignants s'éloignèrent de plus en plus de l'apprentissage par le livre en faveur de l'apprentissage par ressources et par intérêts. Pour les élèves, ces modifications faisaient toute la différence et les enseignants se mirent à constater les résultats de leurs efforts. À ce moment, rien ne pouvait plus arrêter les enseignants dans leur travail d'amélioration de l'école.

## Collaborer pour la réussite scolaire

Au cours de son étude de l'apprentissage et de la réussite scolaire, le personnel de l'école Sacred Heart porta son attention sur la théorie des différents types d'intelligence d'Howard Gardner et celle de l'apprentissage cérébral d'Eric Jensen. Afin de partager le leadership dans ce domaine, une équipe de quatre enseignants se joignit au personnel de direction pour assister à une conférence de cinq jours sur l'apprentissage accéléré et l'apprentissage cérébral; ils s'accordèrent pour décider qu'au cours des deux années suivantes, les participants à la conférence partageraient les connaissances acquises avec leurs collègues de l'école.

Au cours du printemps 1998, le personnel obtint une bourse de la Dr. Stirling McDowell Foundation for Research into Teaching, qui leur permettrait de continuer leur travail dans ce domaine. Ils nommèrent cette nouvelle étape le Projet X, où « X » signifiait « excellence ».

Cette bourse permit au personnel de Sacred Heart de réaliser certains de ses rêves. En plus de permettre le développement professionnel continu, le nouveau projet ouvrait la porte à une collaboration entre enseignants extrêmement productive, chacun étant apparié avec un collègue d'une année scolaire égale ou proche. En outre, ils faisaient tous partie d'une équipe plus nombreuse dont le but était de créer des unités thématiques et des activités d'apprentissage spéciales. On réserva des périodes de préparation dédiées et du temps pour que les enseignants puissent visiter les salles de classe de leurs collègues. Les enseignants partenaires préparaient leurs horaires ensemble afin de permettre l'enseignement conjoint et des regroupements d'élèves modulaires visant à mieux répondre aux besoins d'apprentissage individuels. L'enseignement fut adapté afin de mieux appliquer les connaissances acquises sur les étapes du développement, les intérêts et les capacités des élèves. À mesure que l'enseignement évoluait, les méthodes d'évaluation changeaient aussi. Bientôt, les contrôles et les portfolios devirent la norme à l'école Sacred Heart : ces méthodes permettaient aux

---

**Jalons de la réussite**

**1996–1997**

- Création du programme de jumelages d'années scolaires
- Obtention d'une permission de restructuration de l'horaire quotidien afin de créer davantage de périodes structurées et de soutien aux élèves
- Restructuration du programme de soutien pédagogique
- Changement de cap pour privilégier l'apprentissage et incorporation des théories d'Howard Gardner et d'Eric Jensen

**1997–1998**

- Mise en œuvre de l'horaire révisé
- Développement professionnel visant l'enseignement différencié et mettant à profit les connaissances acquises : différents types d'intelligence, apprentissage accéléré, groupes d'âges mixtes et enseignement axé sur l'intelligence émotionnelle

---

élèves de savoir ce que l'on attendait d'eux, ainsi que de participer à l'évaluation de leurs propres résultats.

Le soutien que les enseignants commençaient à s'offrir entre eux créa une énergie positive qui fit boule de neige. On instaura des réunions de développement professionnel deux fois par semaine, où des équipes d'enseignants présentaient leurs découvertes et les résultats de leur travail avec les élèves. Les enseignants en virent à mieux comprendre et apprécier les forces et les talents de leurs collègues. La synergie qui en résulta devint manifeste dans toute l'école. Le personnel de Sacred Heart travaillait maintenant comme une communauté d'apprentissage professionnelle de multiples façons et les résultats de cette collaboration étaient probants.

Le personnel de l'école constata rapidement qu'il devait recueillir des données sur l'apprentissage afin de déterminer si les efforts déployés amélioraient véritablement les résultats des élèves. En Saskatchewan, l'examen Canadian Achievement Test (CAT) est administré annuellement aux élèves de quatrième et de septième année. Le personnel de Sacred Heart jugea cependant que les résultats de cet examen n'étaient pas représentatifs de l'apprentissage pour l'école, car la population évaluée changeait chaque année. Par conséquent, l'école décida d'employer pour tous les élèves une méthode d'évaluation annuelle de base utilisant les sous-sections du Canadian Test of Basic Skills (CTBS) portant sur l'alphabétisation. L'application de cet examen à tous les élèves deux fois par an, soit en octobre et en mai, permettait de déterminer l'équivalence de niveau scolaire de chaque enfant. Les données ainsi recueillies permirent aux enseignants de mieux répondre aux besoins d'apprentissage individuels, tout en évaluant les progrès de l'école dans son ensemble.

Le succès obtenu par l'emploi judicieux de sa première bourse permit à Sacred Heart d'obtenir à nouveau des fonds de la fondation Stirling McDowell. Cette fois-ci, l'école allait continuer son parcours d'amélioration en fondant une « Oasis de stimulation mentale » où l'apprentissage individuel serait principalement valorisé, par l'application de 13 stratégies de stimulation. L'adoption à l'unanimité de ce programme par le

---

**Jalons de la réussite**

**1998–1999**
- Naissance du Projet X
- Mise en œuvre d'un processus d'évaluation afin de recueillir des données probantes sur les résultats en lecture et en écriture
- Refonte du programme de développement professionnel
- Établissement de communautés d'apprentissage professionnelles dotées de structures de soutien

**1999–2000**
- Deuxième phase du Projet X
- L'emploi des données probantes pour faire le suivi des progrès des élèves devient pratique courante
- Fondation de l'Oasis de stimulation mentale (13 stratégies de stimulation mentale)

**2000–2001**
- Troisième phase du Projet X
- Le personnel est avide de données
- Création de cibles de réussite
- Établissement de modèles mentaux uniformisés

---

personnel de l'école permit une harmonisation de l'enseignement et la capacité, pour les enseignants, de bâtir sur le travail de leurs collègues d'année en année.

Lorsque l'école Sacred Heart reçut une troisième bourse de la fondation Stirling McDowell, son personnel décida de bâtir sur ses réalisations en analysant ses données et les observations des enseignants pour identifier les faiblesses de l'apprentissage par

---

### Les 13 stratégies de stimulation mentale de Sacred Heart

- Passer de l'enseignement à la « stimulation mentale »
- Apprentissage incident : les petites choses créent les grands succès
- Environnement stimulant
- Regroupements de couloir
- États d'apprentissage
- Musique
- Pauses mentales
- Vraies mathématiques
- Modèles oculaires et réflexion
- Communication orale quotidienne
- Cartographie mentale et conceptuelle
- Évaluation
- Enseignement religieux

Ces stratégies sont décrites individuellement à l'annexe de la page 235.

---

année scolaire et y remédier systématiquement. Les membres du personnel s'entendirent sur leur objectif : établir un ensemble de cibles de compétence accompagnées de stratégies d'enseignement et d'outils d'évaluation pertinents pour les mathématiques, la lecture et l'écriture à chaque niveau scolaire. Ils s'entendirent également pour établir des modèles mentaux uniformisés, tels que la cartographie mentale et conceptuelle, afin de relier les apprentissages passés aux nouveaux concepts appris et d'aider les élèves à passer du concret à l'abstrait. À la fin de la troisième phase du Projet X, les équipes d'enseignants avaient atteint, en collaborant, tous leurs objectifs communs.

**Amélioration des résultats sur trois ans**

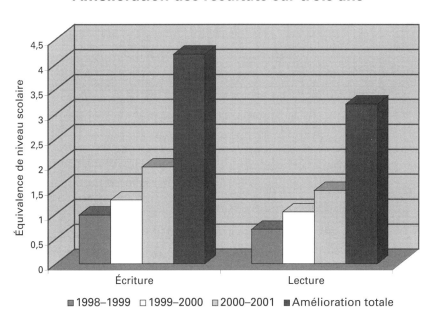

## Une nouvelle étape

En juin 2002, Loretta Tetrault prenait sa retraite du poste de directrice de l'école communautaire Sacred Heart. Tant les élèves que le personnel et les parents la remercièrent du fond du cœur de son dévouement auprès des enfants. Sous sa direction, Sacred Heart a vécu une véritable transformation culturelle et les résultats de ses élèves ont connu une amélioration significative.

Le successeur de Loretta, Rob Currie, a connu les résultats de la transformation culturelle de première main; lui-même a été, en quelque sorte, « transformé culturellement ». En effet, en arrivant à Sacred Heart après le départ glorieux de Loretta, il comprit qu'il était nécessaire de maintenir le rythme établi. Avec le soutien de Loretta et du personnel, Rob entama l'année scolaire avec une grande ouverture à l'écoute, à l'apprentissage et au leadership. La collaboration pour la réussite scolaire continue de mener bon train à l'école Sacred Heart, un véritable havre d'espoir pour tous ceux qui s'y trouvent.

---

**Jalons de la réussite**

**2002–aujourd'hui : Le voyage continue**

- Les stratégies de stimulation mentale continuent à former la base de l'enseignement
- Les rencontres de développement professionnel se tiennent encore toutes les deux semaines
- Le programme d'évaluation de base continue
- Tous les enseignants travaillent dans le cadre de communautés d'apprentissage professionnelles :
  - Équipes par niveau scolaire
  - Équipes d'enseignement planifiant des unités intégrées et thématiques
- Le jumelage des niveaux scolaires continue
- L'enseignement « en boucle » est établi pour un apprentissage sans faille
- Le portfolio électronique est mis à l'essai

---

## L'école intermédiaire Lawrence Heights : un havre d'espoir en Ontario

Tout comme à l'école communautaire Sacred Heart, l'initiative d'amélioration scolaire de l'école intermédiaire Lawrence Heights est venue du directeur de l'école, Christopher Spence.

Le chemin professionnel emprunté par Christopher pour arriver à l'enseignement, puis à la direction scolaire, est quelque peu tortueux. Il fut footballeur professionnel pendant quelques années. Lorsqu'une blessure provoqua sa retraite forcée, il passa quelque temps à travailler dans le système judiciaire avec les jeunes à risque. Toutefois, il en vint à croire qu'il pourrait aider les jeunes bien davantage en travaillant dans les écoles. Il devint donc enseignant, puis administrateur. Lorsqu'il fut nommé directeur de l'école intermédiaire Lawrence Heights de Toronto, Christopher accepta le défi avec plaisir.

---

« Mes premières amours, ma première carrière, c'était le football. Lorsque cette voie a disparu, la pédagogie est devenue mon football. »

—Christopher Spence, directeur,
école intermédiaire Lawrence Heights

---

Lawrence Heights compte environ 300 élèves de sixième, septième et huitième année. Elle se trouve dans un quartier composé principalement de HLM. 87 % des habitants de Lawrence Heights sont des familles d'immigrants provenant de quelque 31 pays et on entend parler 24 langues différentes dans les couloirs de l'école. Le taux de criminalité y est particulièrement élevé.

Lors de sa première visite à l'école, Christopher vit des babillards vandalisés, rencontra des élèves tapageurs et entendit parler d'une enseignante qui avait fait l'objet d'un exhibitionnisme choquant par deux garçons. Il vit également des élèves assis à la bibliothèque avec les pieds sur la table et d'autres qui lançaient des livres par une fenêtre, pour voir qui lancerait le plus loin. Le rassemblement organisé pour l'accueillir dut être annulé lorsqu'une bagarre éclata dans la salle.

Au cours de sa première année à Lawrence Heights, Christopher passa le plus clair de son temps à discipliner des bagarreurs, souvent avec l'intervention de la police. Cette année-là, l'école enregistra plus de 3 000 retards et un grand nombre de suspensions. Les résultats des élèves dans les examens normalisés de mathématiques, de lecture et d'écriture étaient parmi les plus faibles de la province. Plus de la moitié des membres du personnel étaient découragés et désiraient une mutation dans un autre établissement. La situation était désespérée.

## Établir une culture de collaboration

Très tôt, Christopher, tout comme Loretta, réalisa qu'en tant que directeur, il devrait assumer son leadership pour apporter des changements à l'école. Il réalisa également que ces changements seraient impossibles sans l'apport et l'engagement du reste du personnel. Il commença par communiquer au personnel de l'école sa vision d'une communauté d'apprentissage formée par les élèves et le personnel, ainsi que ses énoncés de convictions et d'objectifs pour l'établissement. Le personnel était d'accord pour bâtir avec lui un environnement qui encouragerait l'apprentissage pour tous. Ils s'engagèrent pour dire que tous les enfants sont véritablement en mesure d'apprendre, et que leur rôle, en tant qu'enseignants, était de faire en sorte que cette conviction devienne réalité. Ils articulèrent une vision commune exigeant que les parents, le personnel et la collectivité s'engagent tous à identifier les meilleures stratégies possibles pour créer un environnement d'apprentissage efficace.

Christopher présenta au personnel les résultats de la recherche sur l'école efficace menée par Lawrence Lezotte et associés. Ils s'entendirent sur les aspects qui auraient priorité : créer un environnement sûr et ordonné, ainsi qu'un climat d'attentes élevées. Christopher savait que le cercle vicieux de l'échec et du désespoir, c'est-à-dire l'absence d'espoir, qui régnait à Lawrence Heights devait être abordé. Bon nombre des membres du personnel étaient convaincus que les élèves de l'école étaient handicapés sur les plans linguistique et cognitif. Le directeur collabora donc avec le personnel pour étudier les effets de la pauvreté. Ils apprirent que les enfants défavorisés sont sérieusement à risque sous deux aspects : premièrement, leurs modèles comportementaux, habitudes langagières et valeurs ne correspondent pas à ceux que l'on exige traditionnellement dans l'environnement scolaire; deuxièmement, il arrive souvent que les enseignants et les administrateurs ne réussissent pas à évaluer correctement les besoins d'apprentissage de ces élèves et à y répondre afin de mettre à profit leurs forces existantes. Armé de ces nouvelles idées, le personnel apprit à réduire les incongruités entre l'école et le milieu familial en employant une approche pédagogique incorporant les expériences quotidiennes et les compétences des élèves. Simultanément, ils travaillèrent pour aider les élèves à comprendre la culture de l'école, ses règles et ses limites.

---

« Ma mission, en tant que directeur, est d'instaurer une vision de leadership dynamique et de collaboration en réponse au défi de l'éducation publique. L'intention de cette vision est de bâtir et de maintenir des relations solides et de favoriser l'engagement et la loyauté par la confiance, le développement par la participation et le sérieux par la responsabilisation. Mon premier rôle, en tant que directeur, consiste à recueillir et à enseigner individuellement et collectivement les attitudes, convictions, valeurs, connaissances et compétences requises pour assurer le succès des élèves et des enseignants et leur permettre d'atteindre un niveau de réussite élevé. »

—Christopher Spence, directeur, école intermédiaire Lawrence Heights

Lorsque le personnel de Lawrence Heights commença à s'interroger sur les moyens à prendre pour améliorer l'école, la première question posée était toujours : « Comment cela profitera-t-il aux élèves ? », suivie de près par la deuxième : « Comment saurons-nous s'ils en ont bénéficié ? ». Après avoir identifié des besoins particuliers, le personnel commença par instaurer des activités axées sur ces besoins. Nous appelons ces activités des stratégies à rendement élevé; celles-ci sont définies plus en détail au chapitre 9. En collaboration, Christopher et son personnel s'embarquèrent ainsi dans un grand voyage d'amélioration scolaire, qui leur permit de créer un véritable havre d'espoir dans un établissement qui, jusque là, avait été seulement marqué par le chaos et le désespoir.

### Stratégies de réussite scolaire

Tout comme à l'école Sacred Heart, les membres du personnel de Lawrence Heights employèrent les corrélats de l'école efficace pour concerter et optimiser leurs efforts. En fait, ils choisirent exactement les deux mêmes corrélats pour lancer leur travail d'amélioration : un environnement sûr et ordonné, ainsi que des attentes élevées pour la réussite. Ils entamèrent ce travail en appliquant les stratégies suivantes :

### *Un environnement sûr et ordonné*

- Une école propre et accueillante
- Les Bons et les Méchants
- Ambassadeurs sportifs
- Participation des élèves
- Méthodes contre la violence
- Code vestimentaire

**Une école propre et accueillante.** Les membres du personnel de Lawrence Heights s'accordèrent pour commencer par l'apparence physique de l'école. En effet, ils savaient qu'un environnement propre et invitant serait propice au processus d'amélioration. Entre autres, ils organisèrent la création de murales multiculturelles sur les murs et les casiers. Les effets de leurs efforts furent immédiats : l'école apparut plus claire, plus accueillante et plus propre.

**Les Bons et les Méchants.** Des assemblées étudiantes furent organisées pour valoriser la réussite des élèves et les qualités d'assiduité, de comportement et d'attitude. Les élèves nommèrent bientôt ces assemblées les « réunions des Bons et des Méchants ». La réussite et l'amélioration y étaient célébrées, les problèmes identifiés et les objectifs d'amélioration communiqués. Les élèves recevaient un « bulletin de notes » sur l'ambiance et la culture de leur école. Certaines assemblées réunissaient tous les élèves, d'autres ceux d'une seule année scolaire.

**Ambassadeurs sportifs.** Les élèves de l'école, lorsqu'ils assistaient à des événements sportifs, étaient désignés en tant qu'ambassadeurs de l'école, que la joute se tienne à l'école ou à l'extérieur. Un comportement exemplaire était attendu des spectateurs : des règles furent établies à cet effet et une entente écrite fut signée par tous les élèves. Assister à un événement sportif devint un privilège, et les élèves qui ne respectaient pas l'entente perdaient ce privilège pendant une période donnée.

**Participation des élèves.** Des représentants de classe se réunirent périodiquement pour établir, avec la collaboration du personnel, des plans et des lignes directrices pour le fonctionnement scolaire et les événements spéciaux. Ces représentants étaient également responsables de communiquer l'information pertinente à leurs confrères.

Le but des activités parascolaires de l'école était d'encourager des attitudes positives en favorisant des relations interpersonnelles solides et un fort sens de communauté. Certaines activités telles que la danse, le chant et les percussions eurent beaucoup de succès, tout comme les occasions offertes aux élèves de célébrer leurs diverses cultures.

**Méthodes contre la violence.** Les élèves de sixième et de septième année furent dirigés vers des escaliers séparés afin de minimiser l'intimidation et le harcèlement de la part des plus vieux. Les membres du personnel faisaient sentir leur présence de façon marquée durant les périodes d'activité libre et interagissaient avec les élèves à risque afin de bâtir avec eux des relations positives et de prévenir les problèmes potentiels.

**Code vestimentaire.** Le personnel de Lawrence Heights avait remarqué que la concurrence vestimentaire entre élèves posait un problème. Lorsqu'un groupe de parents suggéra le port de l'uniforme, les membres du personnel surent qu'ils auraient à consulter les élèves à ce sujet pour que l'idée porte fruit. Les élèves étudièrent les avantages et désavantages de l'uniforme scolaire, écrivirent sur le sujet et en discutèrent, enfin firent le tour de la question et de ce qu'elle signifiait pour eux. Au bout du compte, les élèves comme les parents votèrent en faveur de l'uniforme.

### Un climat d'attentes élevées pour la réussite

L'école Lawrence Heights aborda ce corrélat de l'école efficace avec les stratégies suivantes :

- Évaluer pour améliorer
- La réussite, une question de conviction
- Éducation, sports et réussite
- Le projet Fierté
- D'homme à homme
- Alphabétisation et technologie

**Évaluer pour améliorer.** Les enseignants de Lawrence Heights participaient à des périodes de planification hebdomadaire avec leurs collègues du même niveau scolaire afin de programmer l'enseignement, l'évaluation et le suivi. Au début de l'année scolaire, les enseignants mirent au point un profil d'évaluation de base pour chacun de leurs élèves, en mettant l'accent sur la lecture et l'écriture, les mathématiques, la responsabilité sociale et la formation du caractère.

Chaque année, tous les élèves de sixième année de Lawrence Heights se présentent aux examens provinciaux normalisés en compréhension de lecture, en rédaction et en mathématiques. Le personnel, jugeant que les résultats de ces examens étaient fort utiles, développa un processus de suivi parallèle pour les élèves de huitième année afin d'évaluer le développement individuel sur une période plus longue.

**La réussite, une question de conviction.** Le personnel de l'école établit un système de rapports de progression aux deux semaines afin créer un sentiment d'urgence quant à l'apprentissage. De cette façon, chaque élève recevait de la rétroaction sur ses résultats dans toutes les matières, ainsi que sur divers autres aspects tels que la coopération, le port de l'uniforme, la ponctualité et la remise des travaux. Ces rapports de progression comportaient seulement des « oui » et des « non » pour indiquer si l'élève avait démontré une amélioration pour chacun des aspects depuis le dernier rapport, et la signature d'un parent était requise. Les élèves qui obtenaient un « non » dans une catégorie n'étaient pas autorisés à participer aux activités extracurriculaires pendant les deux semaines suivantes. Le message du corps enseignant était clair : « Si vous obtenez un non, c'est non pour les activités. » Aucune exception n'était admise. Les élèves obtenaient rarement un « non » plus d'une fois. Lorsque les attentes relatives au rapport de progression furent bien comprises, les élèves se mirent à viser l'objectif de recevoir seulement des « oui », afin d'obtenir un t-shirt « Oui toute l'année » à la fin de l'année scolaire.

**Éducation, sports et réussite.** Le programme Éducation, sports et réussite avait pour principe de faire du sport une récompense pour la réussite scolaire. Pour participer à une activité sportive, l'élève devait obtenir de bons rapports de progression et présenter un contrat signé par un parent ou un tuteur. Ils devaient également respecter les attentes scolaires et comportementales de l'école et assister à des séances en salle d'étude supervisées par les entraîneurs sportifs. Le message était clair : la réussite scolaire a priorité.

**Le projet Fierté.** Ce projet fut instauré pour responsabiliser les garçons afro-américains face à leur situation personnelle en les mettant au défi de réussir dans leurs études et de développer leur leadership au sein de leur famille, de leur communauté et de l'école. Les élèves participant au programme recevaient un soutien ciblé par un contact quotidien avec un mentor, qui communiquait également une fois par semaine avec les parents.

**D'homme à homme.** Ce programme prévoyait des activités pour les garçons après les heures de cours avec des adultes attentionnés qui pouvaient leur servir de modèles. Le programme comportait des règles d'assiduité très strictes; on y retrouvait du soutien à l'apprentissage et l'enseignement de principes de résolution de conflit et de responsabilité dans les habitudes sexuelles.

**Alphabétisation et technologie.** Les élèves en difficulté de lecture recevaient, avec ce programme, l'occasion de découvrir le pouvoir de l'alphabétisme. Des ateliers hebdomadaires tenus le samedi comprenaient des interventions ciblées sur l'acquisition de compétences, des discussions sur les lectures attribuées, ainsi que des discussions avec des lecteurs invités. L'informatique était mise à profit pour soutenir l'apprentissage.

## La célébration de la réussite scolaire et de l'amélioration de l'école à Lawrence Heights

En juin 2000, les résultats d'examens provinciaux pour les élèves de sixième année à Lawrence Heights dépassaient la moyenne, tant pour la région de Toronto qu'à l'échelle de la province. Les incidents de bagarre se comptaient maintenant sur les doigts de la main et les retards étaient passés de plus de 3 000 à moins de 400 par an. L'établissement obtint le Prix Canada pour l'excellence de l'Institut national de la qualité pour son engagement envers l'excellence et la qualité de ses normes. L'école intermédiaire Lawrence Heights était devenue un havre d'espoir.

L'école réalisa un document vidéo intitulé Living the Dream (Du rêve à la réalité) afin de célébrer sa réussite et de transmettre son message d'espoir à la collectivité locale et au-delà. L'amélioration et l'engagement sont parfois difficiles à évaluer au jour le jour. La réalisation de ce documentaire permit à la communauté de Lawrence Heights de faire un retour en arrière et de reconnaître les améliorations qu'elle avait su instaurer.

### Une nouvelle étape

En février 2001, Christopher Spence était promu à la surintendance du district scolaire. Lorsqu'il parle de son travail à Lawrence Heights, il admet qu'il a connu une chance incroyable en ayant l'occasion de soutenir – et d'être soutenu par – un personnel d'un dévouement exceptionnel, ce qui lui a permis de créer les programmes et les politiques nécessaires à l'établissement d'une culture d'excellence. Christopher dit qu'il est devenu pédagogue parce qu'il avait quelque chose à apporter aux jeunes. Son objectif est toujours le même aujourd'hui : alimenter l'espoir des élèves en répondant à leurs besoins.

## École secondaire Monticello : un havre d'espoir en Virginie

Sacred Heart et Lawrence Heights étaient des écoles déjà établies dont le personnel, avec le soutien du directeur, a décidé que l'établissement avait besoin d'amélioration. L'histoire de l'école secondaire Monticello, dans le comté d'Albemarle, en Virginie, est très différente.

Lorsque l'école Monticello a ouvert ses portes en 1998, elle comptait 914 élèves de la neuvième à la douzième année et

95 employés. L'école a été fondée pour accueillir le trop-plein de deux écoles secondaires existantes situées dans des quartiers cossus. À l'opposé, Monticello a été construite dans le district le plus pauvre du comté, où la population étudiante est caractérisée par une forte proportion d'élèves défavorisés, d'élèves à besoins spéciaux et de jeunes de diverses origines ethniques minoritaires. Lors de son ouverture, les territoires scolaires du comté furent révisés afin que la population étudiante soit composée d'élèves provenant de la zone des deux autres écoles secondaires, ainsi que de la zone immédiate de l'école. Monticello faisait déjà face à de grands défis avant même son ouverture.

Irving Jones fut le premier directeur de Monticello. Ses difficultés commencèrent très tôt, de nombreux parents d'élèves provenant des deux écoles existantes étant réticents à envoyer leurs enfants dans ce nouvel établissement. Les parents, effrayés, croyaient que le milieu socioéconomique de la nouvelle école aurait une influence néfaste sur la qualité de l'enseignement offert à leurs enfants. Lorsque les résultats des examens normalisés de la Virginie furent publiés à la fin de la première année, leurs craintes, selon toute apparence, furent justifiées.

Mais plutôt que d'accepter sans broncher ces piètres résultats et de les excuser par des raisons d'emplacement géographique et de profil socioéconomique des élèves, Irving Jones et son personnel virent la situation comme un défi et une occasion de tracer de nouvelles pistes dans le domaine de la pédagogie au secondaire. Se prenant de courage, ils commencèrent par déclarer publiquement leur engagement à faire en sorte que leurs élèves atteignent la norme de l'État dans les quatre années qui suivraient. Ce jalon planté, ils entamèrent un ambitieux voyage d'amélioration de l'école qui les mènerait à atteindre leur objectif, comme prévu, dès 2002.

## Notes de passage des examens normalisés de la Virginie

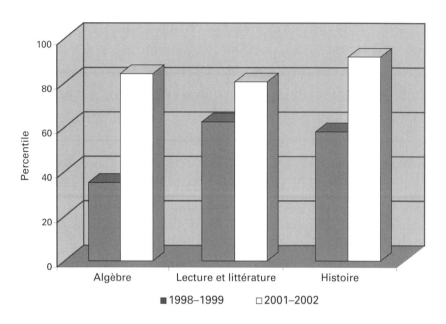

■ 1998–1999     □ 2001–2002

### Établir une culture de réussite scolaire

Irving Jones était dévoué à une communication efficace entre les enseignants, les parents, les élèves et l'administration. Connu comme un homme prolixe, têtu et passionné, Irving établit rapidement dans l'école une hiérarchie de valeur dont les élèves occupaient le sommet. L'une des premières réalisations du personnel de l'école fut d'élaborer des énoncés de mission et de vision afin de diriger son travail. Les membres du personnel rédigèrent collectivement cette description pour eux-mêmes :

« Nous formons une communauté de citoyens engagés envers l'honneur, le service, la compétence technologique et l'apprentissage continu. »

En élaborant ses énoncés de vision, le personnel de Monticello décrivit une école secondaire vouée à la création d'un environnement pédagogique où les élèves étaient encouragés à :

- réfléchir avec discernement;

- résoudre des problèmes de façon créative;

- découvrir des ressources et les mettre à profit;

- communiquer efficacement.

Le personnel s'engagea également à travailler en équipes multidisciplinaires afin de garantir :

- l'établissement d'un lien entre le contenu de l'apprentissage et les méthodes d'enseignement;

- l'utilisation de la technologie dans chaque matière et entre elles;

- l'adaptation aux différents styles et aux différentes capacités d'apprentissage;

- l'ajustement de l'enseignement aux besoins des élèves.

**Identifier les aspects problématiques**

Le personnel de l'école réalisa rapidement que la rédaction d'énoncés de vision et de mission ne garantirait pas que l'école atteindrait son objectif de réussite scolaire pour tous les élèves. Ces énoncés étaient admirables; cependant, sans une planification et une mise en œuvre efficaces, ils resteraient de simples mots. Le personnel savait que seule l'action amènerait une amélioration des résultats des élèves et de l'école dans son ensemble. Pour ce faire, on commença par récolter des données sur le rendement des élèves en mathématiques, en lecture et en écriture, ce qui permettrait de déterminer où les enseignants devaient concentrer leurs efforts. On décomposa ensuite les données selon le sexe, l'origine ethnique, le statut socio-économique et les besoins spéciaux. Cette analyse révéla qu'en général, les filles présentaient un meilleur rendement que les garçons, et que les élèves caucasiens réussissaient mieux que ceux d'autres groupes. Après trois ans, ces résultats s'étaient spectaculairement améliorés.

## Aborder les aspects problématiques

Le personnel de l'école Monticello a su transformer ses énoncés de mission et de vision en action et, ce faisant, a pu remplir sa promesse à la collectivité. En employant les données probantes dont elle disposait, l'école a planifié et mis en œuvre des stratégies en vue d'améliorer le taux de réussite de tous ses élèves. Les efforts du personnel ont produit des résultats phénoménaux. Voici certaines des stratégies employées :

- Restructuration des niveaux de programme d'études
- Enseignement multidisciplinaire
- Modification de l'horaire et soutien à l'apprentissage
- Mentorat
- Leadership étudiant
- Utilisation des données de rendement pour concentrer les efforts sur la réussite
- Approche holistique du développement de l'élève

**Restructuration des niveaux de programme d'études.** Par leurs discussions et leur réflexion sur le rendement des élèves dans les divers niveaux du programme d'études, les membres du personnel conclurent que le manque de motivation était un problème pour de nombreux élèves du niveau ordinaire. Ils s'inquiétaient également des difficultés de donner à ces élèves un niveau d'enseignement et de soutien approprié. Leur solution

### Résultats de mathématiques en neuvième année : test Sanford

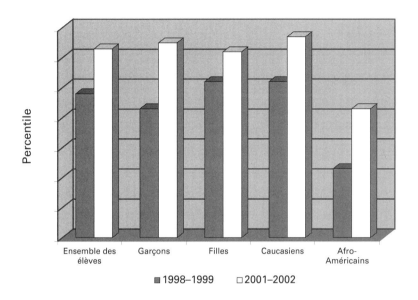

1998–1999    2001–2002

consista à combiner les cours ordinaires et enrichis en un seul niveau. Cette modification augmenta les attentes pour les élèves provenant du niveau ordinaire et permit au personnel de se concentrer sur les stratégies d'enseignement afin de soutenir les élèves adéquatement pour l'atteinte des objectifs du programme dans toutes les matières.

**Enseignement multidisciplinaire.** Des équipes multidisciplinaires furent formées pour l'enseignement des matières principales : mathématiques, sciences, sciences sociales, lecture et écriture, à de grands groupes d'élèves de la même année. Des périodes de planification communes et des heures de repas combinées permirent de faciliter le travail des équipes d'enseignants. Celles-ci collaborèrent également pour planifier l'enseignement verticalement par matière, ainsi qu'horizontalement afin d'établir des liens communs d'une matière à l'autre. Le personnel fut ainsi en mesure d'offrir aux élèves un milieu pédagogique hautement intégré, ainsi que d'effectuer un suivi rapproché du progrès de leurs pupilles. Ainsi, comme les enseignants s'occupaient de petits groupes d'élèves, ils pouvaient intervenir sans tarder lorsque l'un d'eux prenait du retard.

À Monticello, les salles réservées aux enseignants pour la planification sont distribuées dans les différentes parties de l'école, chacune servant de « quartier général » à une équipe multidisciplinaire de huit enseignants. Cette répartition permit d'éliminer les barrières physiques qui séparent les départements dans de nombreuses écoles secondaires. Le rapprochement physique des enseignants permit aussi un rapprochement dans les communications, tant professionnelles que personnelles. Le résultat : une meilleure concertation et un enseignement et un soutien plus efficaces pour tous les élèves, y compris les jeunes à besoins spéciaux.

Par le dialogue et la recherche, le personnel de Monticello a décidé d'adopter une approche pédagogique axée sur les ressources, ce qui lui a permis de réduire sa dépendance envers les manuels scolaires et de mieux employer les ressources informatiques, communautaires et de centre d'apprentissage à sa disposition. La décision a eu des résultats positifs pour les élèves, car cette méthode leur permet d'approfondir leur apprentissage en posant des questions et en effectuant des recherches pour y répondre.

**Modification de l'horaire et soutien à l'apprentissage.** En vue de répondre aux besoins de tous les élèves de Monticello, des périodes devaient être réservées pour l'enseignement correctif et le mentorat. La plupart des élèves sont transportés jusqu'à l'école par autobus scolaire; il était donc difficile de réserver le temps nécessaire pour offrir du soutien supplémentaire aux élèves en difficulté. En guise de solution, on établit un horaire tournant de sept périodes d'enseignement sur deux jours. Six de ces périodes durent 90 minutes, la septième 60 minutes. Les périodes de 90 minutes permettent aux élèves un apprentissage approfondi et soutenu. Tous les mercredis, la période de 60 minutes est employée pour offrir du temps d'enseignement et du soutien supplémentaires aux élèves qui en ont besoin.

**Mentorat.** Le mentorat est devenu un élément vital du soutien à l'apprentissage et commence même souvent avant l'arrivée des nouveaux élèves à Monticello. Les futurs élèves de huitième année identifiés comme étant potentiellement à risque au début du secondaire reçoivent deux semaines de tutorat au cours de l'été précédent. Une équipe de leadership formée d'élèves de Monticello leur enseigne des méthodes d'étude et des « techniques de survie au secondaire».

Le mentorat par les enseignants fait également partie intégrante du soutien aux élèves. En neuvième année, les étudiants sont réunis en groupes de 12 à 15 jeunes; chacun de ces groupes sera suivi par un enseignant-mentor qui les guidera pendant leurs quatre années à Monticello. Le mentor est un enseignant qui n'a aucun de ces élèves inscrit dans ses cours.

Chaque groupe se rencontre une fois par mois pendant une heure environ, afin de discuter de différents sujets proches des jeunes, tels que l'intimidation par les pairs, la conduite en état d'ébriété et une foule d'autres sujets. Les mentors aident également les jeunes à sélectionner leurs cours, à explorer leurs choix de carrière, à résoudre leurs difficultés interpersonnelles et tout autre problème qu'ils peuvent rencontrer. Ces groupes étant composés d'élèves d'âges différents, ils présentent également une occasion toute naturelle aux plus vieux de servir de mentors à leurs confrères plus jeunes.

**Leadership étudiant.** La ressource la plus précieuse dont une école dispose est composée de ses élèves. À Monticello, des mentors étudiants aident leurs pairs en difficulté dans leurs travaux. Des équipes de résolution de conflit ont été formées pour assister les élèves dans la résolution de problèmes et la gestion des conflits. Un programme de formation d'officiers de réserve a également été créé afin d'offrir des occasions aux jeunes d'exercer leur leadership.

Avec le soutien de la fondation Annenberg, l'apprentissage du service a pu être introduit auprès des élèves de douzième année : les participants effectuent une recherche sur les besoins de la collectivité, puis planifient et mettent en œuvre des programmes répondant aux besoins d'organismes sans but lucratif locaux. Ces élèves élaborent également des stratégies pour l'évaluation de leurs programmes. Les projets de service réalisés portent notamment sur la protection de l'environnement, l'embellissement de la communauté et le soutien au centre local de protection des animaux.

**Utilisation des données de rendement pour concentrer les efforts sur la réussite.** Peu après la fondation de l'école, Irving Jones et le personnel de Monticello ont formé une équipe « Réussite», dont le rôle était de faciliter la communication et le soutien entre l'école et le bureau du district. Le travail de cette équipe est étroitement lié au plan d'amélioration de l'école. Elle compte parmi ses membres les coordinateurs du district en informatique, mathématiques, sciences, anglais et sciences sociales, ainsi que les principaux responsables du programme d'études de l'école. Elle se rencontre une fois par mois

pour revoir les résultats d'évaluation et planifier l'enrichisse-
ment de l'enseignement, les interventions et le suivi. En outre,
l'équipe planifie et facilite le développement professionnel. Ce
groupe multidisciplinaire, qui fait le lien entre l'école et le
bureau du district, a notamment permis de réduire les écarts de
rendement entre les élèves afro-américains et caucasiens, ainsi
que d'améliorer de façon significative les résultats des élèves de
Monticello aux examens de l'État.

Comme les écoles de la Virginie et d'autres États américains
sont évaluées selon les résultats de leurs élèves aux examens
normalisés de l'État (Standards of Learning ou SOL) en anglais,
en mathématiques, en histoire et en sciences, ceux-ci sont essentiels pour obtenir l'accréditation. Pour cette raison, le personnel
scolaire passe beaucoup de temps à préparer les élèves à ces
examens. Ceux qui obtiennent de piètres résultats reçoivent
davantage de soutien pour les préparer à repasser les examens.
Au cours de l'année scolaire 2002–2003, 275 des 1 094 élèves de
Monticello ont fait l'objet de ce soutien supplémentaire.

Cependant, le personnel de l'école Monticello ne mesure pas
le succès de ses élèves uniquement par leur rendement dans les
examens de l'État. En vue de faire le suivi de l'apprentissage,
toute une pléiade de méthodes d'évaluation en classe est également utilisée, ainsi que des examens de fin d'année. Les données
ainsi obtenues offrent aux enseignants un portait réaliste des
effets de leur enseignement et les aident à planifier leurs
méthodes pédagogiques. Il existe aussi d'autres indicateurs de
rendement des élèves : taux de diplomation, type de diplôme
secondaire obtenu (avancé, normal, éducation spécialisée),
objectifs post-secondaires, nombre d'élèves dans les cours de
crédits collégiaux, avec mention d'honneur ou avancés, ainsi que
dans les cours ordinaires et professionnels.

Plus le personnel de Monticello trouvait de moyens d'utiliser ces données pour la structuration et la planification pédagogique, plus ils avaient besoin d'aide pour la collecte et l'interprétation de ces données. On créa donc un poste à mi-temps pour la coordination de l'évaluation scolaire. Cet employé organise la tenue des examens de l'État; en outre, il est responsable de former les enseignants pour administrer ces examens, de faire le suivi afin qu'aucun élève ne soit oublié, de communiquer avec le département de l'Éducation de l'État et d'organiser les données d'examen de façon à ce que le reste du personnel puisse les utiliser efficacement pour aider les élèves dans leur apprentissage.

**Approche holistique du développement de l'élève.** Bien que l'école secondaire Monticello soit fortement axée sur la réussite scolaire, on y privilégie tout autant le développement global de l'élève. Le personnel sait qu'une image de soi positive contribue au succès de l'élève dans tous les domaines. Pour cette raison, on s'efforce d'offrir aux jeunes toute une variété de programmes qui favorisent leur bien-être mental, émotionnel et physique.

Chaque mercredi, l'horaire de l'école prévoit une période d'une heure au cours de la journée pour les activités parascolaires. En outre, pour parer au fait que la plupart des élèves utilisent le transport par autobus, on a prévu des circuits d'autobus en soirée afin que ces élèves puissent participer à la vie étudiante après les heures de classe.

## Une nouvelle étape

En 2003, Irving Jones était nommé directeur d'école de l'année aux États-Unis par la MetLife/NASSP. Depuis, il est devenu l'un des principaux administrateurs du conseil des écoles publiques de Richmond, en Virginie. Pendant ses cinq années à

Monticello, Irving a laissé une marque indélébile sur la collectivité. La population de l'école a augmenté à plus de 1 066 élèves et, en janvier 2002, l'école a rempli son engagement d'obtenir l'accréditation complète de l'État. L'école secondaire Monticello a réussi à se mériter le respect et la confiance de la communauté.

Sous la direction d'Irving Jones, l'école Monticello a acquis un personnel stable et productif. Ses membres avouent qu'ils n'ont aucune difficulté à rester sur le chemin tracé, puisqu'ils ont participé dès le premier jour à sa planification et à l'élaboration des politiques en place. Comme l'exprime si bien Diane Clark, enseignante à Monticello, « Il nous a dirigés de telle façon que chacun d'entre nous croyait qu'il le faisait lui-même. Jones avait une vision et il savait comment la mettre à profit » (Principal Leadership, janvier 2003, p. 44).

En septembre 2003, le nouveau directeur de Monticello, Billy Haun, arrivait de l'une des écoles intermédiaires de la même zone scolaire. Il est reconnaissant à Irving de la fondation solide qu'il a su lui laisser et compte bien soutenir les initiatives déjà en place dans l'établissement. En outre, il a identifié des besoins de coordination dans les programmes et services pour les élèves à besoins spéciaux. Il aimerait également que les élèves acquièrent davantage de crédits collégiaux pendant leurs années au secondaire. Bref, l'école Monticello est bel et bien un havre d'espoir pour tous ceux qui s'y trouvent.

Les trois havres d'espoir que sont les écoles décrites dans ce chapitre desservent des collectivités et des groupes d'âges forts différents. Ce sont des exemples probants de ce qui se produit lorsqu'une culture d'optimisme et d'espoir est établie en collaboration par les élèves, le personnel et les parents, dans le but d'améliorer les résultats d'apprentissage. Bien que chacune de ces écoles se soit dotée d'une structure et de processus uniques pour atteindre ses objectifs, elles ont bon nombre de caractéristiques communes. Le chapitre 2 présente un survol de ce que nous avons appris sur les attitudes et les actions nécessaires pour qu'une école puisse s'engager avec succès à garantir la réussite et l'espoir à tous ses élèves.

## Chapitre 2

# Havres d'espoir :
# ce que nous avons appris

Stephen Covey (1989) soutient que les personnes très efficaces possèdent un fort caractère combiné à un niveau élevé de compétence. Nous sommes d'avis que les écoles efficaces présentent cette même combinaison de caractère et de compétence. Les personnes comme les écoles de caractère privilégient les principes. Elles valorisent des qualités telles que la justice, l'intégrité et l'honnêteté. Dans de telles écoles, la dignité et les principes du potentiel, du développement et de la patience soutiennent toutes les interactions entre les élèves, le personnel et les parents. Covey nous rappelle cependant : « Les principes ne sont pas la pratique. Ce sont des vérités profondes et fondamentales qui ont une application universelle » (p. 35). Lorsque les principes deviennent partie intégrante de la culture de l'école, ils forment une base pour l'élaboration de pratiques qui encourageront et soutiendront tous les membres de la communauté scolaire.

Les pédagogues qui privilégient les principes sont passionnés par leur travail. Michael Fullan (2001a) identifie la mission morale comme étant essentielle à la transformation de la culture scolaire, c'est-à-dire qu'elle est « à la fois les fins et les moyens » de cette évolution : « En pédagogie, l'une des fins que l'on vise en priorité consiste à contribuer positivement à la vie des enfants. Mais les moyens que l'on emploie pour parvenir à ces fins sont également des plus importantes » (p. 13). Autrement dit, lorsque des individus ont à cœur de faire du bon travail, ils développent les compétences nécessaires à leur réussite. Ils se renseignent sur le processus de changement, développent des compétences relationnelles, amassent et partagent les connaissances nécessaires pour améliorer le rendement des élèves et s'engagent à harmoniser leurs méthodes.

Les trois écoles décrites au premier chapitre ont toutes reconnu le besoin d'en offrir davantage à leurs élèves. Cette réalisation a fourni au personnel la motivation nécessaire pour se concerter en vue de bâtir des communautés basées sur les principes et pour développer les compétences requises afin d'assurer la réussite de tous.

## L'espoir comme principe universel

Comme toutes les écoles du monde, les trois établissements que nous avons désignés comme des havres d'espoir accueillent des élèves qui ont de la difficulté à réussir. Les élèves qui ne parviennent pas à la réussite scolaire vivent avec des attentes de faible rendement et le découragement qui les accompagne inévitablement. Ils se retrouvent dans une spirale descendante qui les fait passer de l'angoisse de l'échec scolaire à un sentiment d'impuissance, puis, éventuellement, au désespoir le plus total.

Les enfants qui connaissent des difficultés à l'école sont souvent ceux qui présentent le plus de problèmes de comportement ou, à l'opposé, ceux qui sont « invisibles ». Dans un cas comme dans l'autre, ces enfants sont gravement à risque. Daniel Goleman (1998) souligne que l'échec scolaire a un impact négatif marqué sur le développement de l'intelligence émotionnelle. En retour, lorsque le développement de l'intelligence émotionnelle est retardé, on constate souvent des problèmes d'assiduité, de comportement et d'attitude. Le résultat final est un faible rendement.

Heureusement, comme le fait remarquer Goleman, le développement de l'intelligence émotionnelle n'est ni fixé par le bagage génétique, ni limité à l'enfance. En fait, son développement continue tout au long de la vie, à mesure que l'individu apprend de ses expériences. L'intelligence émotionnelle peut continuer de s'épanouir, peu importe l'âge.

Les membres du personnel des trois écoles que nous avons décrites étaient convaincus que s'ils arrivaient à donner de l'espoir à leurs élèves, ils pourraient les aider à améliorer leur rendement et, conséquemment, les aider à développer leur intelligence émotionnelle et leur sentiment de compétence. Cependant, ils ont aussi conclu qu'il ne suffirait pas d'espérer sans agir. Ils devraient passer à l'action s'ils voulaient soutenir leurs élèves efficacement.

Michael Fullan (1997) définit l'espoir comme la capacité à ne pas paniquer dans les situations difficiles, mais de trouver les moyens et les ressources nécessaires pour les surmonter. Il démystifie le préjugé voulant que l'espoir équivaut à une perception naïve du monde, cet espoir aveugle de ceux qui n'arrivent pas à regarder la réalité en face. Fullan associe l'espoir à l'action, et non à la naïveté. Il regroupe l'espoir aveugle, le cynisme et le fait de prendre ses désirs pour des réalités et les distingue clairement de l'espoir sain. Fullan soutient que ceux qui portent de l'espoir sont conscients de la réalité et que c'est justement l'espoir qui leur permet de demeurer optimistes, malgré des obstacles en apparence insurmontables.

L'espoir sans action ne vaut pas beaucoup plus que de bonnes intentions sans suite. Thomas Sergiovanni (2004) parle de l'espoir et de la foi comme étant étroitement liés, la foi venant d'un « engagement envers une cause et d'une forte conviction envers un ensemble d'idées » (p. 34). Il distingue clairement les dirigeants qui prennent leurs désirs pour des réalités des dirigeants porteurs d'espoir. Bien qu'il écrit à propos de personnes tenant des postes de direction, nous croyons que les enseignants doivent être inclus dans ce groupe, puisqu'ils sont des leaders de l'apprentissage. Le tableau de cette page contient des lignes directrices utiles à ceux qui visent le succès scolaire et dont la priorité est l'espoir.

| Celui qui prend ses désirs pour des réalités | Le porteur d'espoir |
|---|---|
| *Réaction passive* | *Réaction active* |
| • « J'aimerais que ces enfants se comportent mieux. » | • « J'espère que ces enfants se comporteront mieux. Comment puis-je les y aider ? » |
| • Aucune foi au soutien de ces désirs | • Foi dans ses convictions et idées |
| • Aucune voie vers l'action | • Voies vers l'action |
| • Aucune action | • Action |
| • Aucun changement | • Changement |

Chacune des trois écoles décrites au premier chapitre a adopté l'attitude du porteur d'espoir. Elles ont combiné le caractère qui vient d'un espoir solide avec les compétences nécessaires pour acquérir et appliquer les stratégies qui les mèneraient à la réussite. C'est ce qui leur a permis de devenir des havres d'espoir.

## L'influence de la recherche sur les écoles efficaces

La recherche sur les écoles efficaces a tracé la voie de la recherche pédagogique dans le domaine de l'amélioration des écoles il y a plus de 35 ans de cela, et elle est aussi pertinente de nos jours qu'elle a pu l'être à l'époque. Nous nous sommes demandé si nos lecteurs auraient tendance à vouloir écarter ces concepts comme étant rattachés au passé et, donc, non pertinents à la pédagogie moderne. En fait, depuis leur création, les corrélats des écoles efficaces et la recherche sur le sujet ont perduré, alors que bien d'autres théories sur la planification scolaire ont disparu sans laisser de trace. Nous sommes d'avis que les corrélats des écoles efficaces perdurent parce qu'ils se basent sur l'observation empirique des résultats scolaires. De nombreux auteurs dans le domaine de l'amélioration scolaire privilégient l'adoption de nouvelles méthodes, convaincus que l'introduction du « bon » programme ou de la « bonne » formation professionnelle réussira à améliorer les écoles. À l'opposé, la recherche sur les écoles efficaces a toujours privilégié l'évaluation de résultats mesurables. Les écoles qui s'améliorent ont des caractéristiques communes identifiables : ce sont les corrélats des écoles efficaces. Aucun de ces corrélats n'est indépendant. En fait, lorsqu'une école démontre une amélioration, tous les corrélats y sont présents et interreliés : ils forment la culture et le climat qui permettent la réussite des élèves et le succès de l'école.

**Les sept corrélats des écoles efficaces**

1. Leadership pédagogique

2. Mission claire et ciblée

3. Environnement sûr et ordonné

4. Climat d'attentes élevées pour la réussite

5. Évaluation fréquente du progrès des élèves

6. Relations constructives entre la maison et l'école

7. Occasions d'apprentissage et répartition du temps accordé à chaque sujet

Lorsque l'on prend connaissance de la recherche actuelle sur l'amélioration scolaire, on constate que l'influence de la recherche sur les écoles efficaces et de ses corrélats est évidente. Richard DuFour et Robert Eaker (1998) mentionnent Lezotte et les corrélats des écoles efficaces dans *Professional Learning Communities at Work* (traduction française : *Communautés d'apprentissage professionnelles : méthodes d'amélioration du rendement scolaire*, Solution Tree, 2004). Robert Marzano (2003), dans *What Works in Schools*, identifie onze facteurs affectant la réussite scolaire des enfants. Selon nous, ceux de ces facteurs qui dépendent de l'école ou des enseignants sont inspirés des corrélats des écoles efficaces. Cette hypothèse est confirmée dans le résumé : « Trente-cinq ans de recherche nous offrent des lignes directrices remarquablement claires sur les mesures que les écoles peuvent prendre pour améliorer efficacement le rendement de leurs élèves » (p. 11).

Aujourd'hui même, dans le district scolaire Parkland de la région d'Edmonton, en Alberta, le processus d'amélioration scolaire se base sur les corrélats des écoles efficaces. Ailleurs en Alberta, le district scolaire High Prairie base aussi tout son travail de restructuration sur la recherche dans le domaine des écoles efficaces. Le district scolaire de Rainy River, en Ontario, emploie un processus d'évaluation des administrateurs dans le contexte de l'établissement fondé sur ces fameux corrélats. À Regina, en Saskatchewan, le Catholic School Board utilise également les corrélats pour soutenir ses efforts d'amélioration. Même ses rapports au conseil d'administration mentionnent les corrélats abordés par chacune des mesures envisagées. Nous décrivons dans cet ouvrage les efforts accomplis par l'école communautaire Sacred Heart, mais il faut aussi mentionner que toutes les écoles du district scolaire Regina Catholic Schools utilisent les corrélats des écoles efficaces pour appuyer leurs initiatives d'amélioration. Le district travaille en harmonie. Les membres élus de l'administration, les directeurs d'école et les enseignants connaissent tous les corrélats et la recherche sur les écoles efficaces en général.

Aux États-Unis, de nombreux districts scolaires basent de même leurs efforts d'amélioration scolaire sur les corrélats des écoles efficaces. Par exemple, le district scolaire Hays Consolidated Independent de Kyle, au Texas, utilise des sondages avec une grande efficacité pour obtenir des données probantes et mesurer son rendement par rapport aux corrélats. Les résultats obtenus forment ensuite la base de la planification du district en vue de l'amélioration de ses méthodes. Le Superintendency Institute of America se rencontre régulièrement depuis treize ans pour étudier la recherche sur les écoles efficaces et ses corrélats. Dirigé par Ruth et Lawrence Lezotte, ce regroupement réunit deux fois par an plus de 120 surintendants de districts scolaires afin d'échanger sur la recherche en cours et les nouvelles stratégies en vue de l'amélioration scolaire et de la mission de l'apprentissage pour tous.

L'influence de la recherche sur les écoles efficaces est donc bien établie et largement reconnue. Partout au Canada et aux États-Unis, des écoles et des directions régionales emploient cette recherche et ses corrélats dans le cadre de leurs efforts d'amélioration. Les districts et organisations mentionnés ci-dessus n'en sont que quelques exemples. Au fur et à mesure que les écoles et les commissions scolaires s'améliorent, le corpus de connaissances sur l'efficacité scolaire continue de croître.

## Application des corrélats dans les havres d'espoir

Les corrélats sont les caractéristiques uniformément présentes dans les écoles qui ont un effet manifeste sur le rendement, le comportement, l'attitude et l'assiduité de leurs élèves. Les trois havres d'espoir que sont les écoles décrites au premier chapitre ont employé les corrélats et la recherche sur les écoles efficaces au soutien de leurs efforts d'amélioration.

**Leadership pédagogique.** Les trois écoles mentionnées au premier chapitre ont bénéficié d'un leadership pédagogique efficace. Chacun de ces directeurs avait une vision claire de ce qui était nécessaire pour faire de son établissement un meilleur lieu d'apprentissage et s'était engagé envers une amélioration continue par la recherche, la planification et l'évaluation. Ces directeurs étaient passionnément convaincus que tous les enfants sont en mesure de réussir et que le mandat des écoles consiste à assurer « l'apprentissage pour tous, par tous les moyens » (Lezotte et McKee, 2002). Chacun d'eux savait que la première raison d'être d'une école est de garantir que tous les élèves apprennent et ils se sont donné pour objectif de rester au fait des connaissances les plus récentes relativement au programme d'études, à l'enseignement et aux méthodes d'évaluation. Dans chacune de ces trois écoles, le directeur est resté vigilant, insistant pour que les valeurs, la vision et l'intention adoptées par l'établissement soient représentées dans toutes les interactions entre les élèves, les membres du personnel et les parents. Ils avaient une mission morale et étaient prêts à défier le statu quo.

En tant que dirigeants officiels de leur établissement, les directeurs de Sacred Heart, de Lawrence Heights et de Monticello ont su reconnaître qu'un sentiment d'ordre et de discipline était essentiel dans l'école, afin que les enseignants puissent se concentrer sur leur travail d'instruction. Ils étaient persévérants et dynamiques, et très présents aux yeux de la population de l'école. Prouvant leur engagement à mettre à profit les talents de leur personnel, ces dirigeants ont donné à leurs employés le pouvoir nécessaire pour participer pleinement à la planification de l'amélioration de l'école et leur ont fourni les ressources nécessaires pour mettre en œuvre cette planification. Ces directeurs avaient compris que le leadership, qu'il soit officiel ou non, doit être partagé avec le personnel, les élèves et les parents. En effet, l'impact d'un leadership informel n'a d'effet que s'il est appuyé par les dirigeants officiels. Dans cet esprit, ils encouragèrent les membres de leur personnel qui démontraient de l'initiative et du leadership à employer ces qualités. Lorsque le personnel entama sa planification en vue d'atteindre les objectifs fixés, les directeurs firent tout en leur pouvoir pour soutenir, approuver et faciliter ces efforts. L'atteinte des objectifs était célébrée et ses responsables, félicités. Le travail d'équipe et la collaboration étaient attendus et valorisés. L'apprentissage était la force motivationnelle pour tous, et chacune des initiatives qui était adoptée avait pour objectif son effet potentiel sur l'apprentissage.

**Mission claire et ciblée.** Dans chacune des trois écoles décrites au premier chapitre, le personnel a établi une vision convaincante et un énoncé de mission ciblé qui donneraient à l'école sa direction et interviendraient dans toutes les décisions. À mesure que le travail avançait, des slogans naissaient d'eux-mêmes par l'application quotidienne de la vision et de la mission communes : à Monticello, « Les enfants d'abord » et « Pour enseigner, il faut rejoindre » évoquaient clairement et simplement les valeurs de l'école. À Sacred Heart, les membres du personnel s'engagèrent à créer un « sanctuaire sans violence » et à poser des attentes élevées, le tout dans une ambiance familiale. À Lawrence Heights, le mot d'ordre était « La réussite, une question de conviction ». Dans chacun de ces cas, la mission de l'école était d'améliorer l'apprentissage pour tous les élèves.

**Environnement sûr et ordonné.** Nos trois écoles ont su établir en priorité un environnement sûr et ordonné car, lorsque les enfants se sentent en sécurité, ils sont davantage en mesure de prendre les risques nécessaires à l'apprentissage. Chacun de ces établissements a élaboré des lignes directrices pour communiquer aux élèves les limites et les attentes de l'école. Simultanément, le personnel de ces écoles travaillait fort pour établir des relations solides avec les élèves, entre eux et avec les parents. À Sacred Heart, le plan de responsabilité scolaire guide les élèves et le personnel quant aux attentes de comportement. La discipline y est considérée comme une occasion d'instruire et de soutenir l'élève. À Lawrence Heights, le personnel vous dira sans hésiter que l'adoption d'un uniforme scolaire a grandement réduit le niveau de stress et les problèmes entre les élèves. Le personnel de chacune de ces écoles soutient les élèves en demeurant présent et visible pendant les périodes non structurées. Dans chaque établissement, des assemblées scolaires renforcent les attentes de comportement et permettent de célébrer les réussites des élèves.

Les trois écoles ont su reconnaître l'importance de l'apparence physique de l'école. L'une des premières mesures prises par le personnel de Lawrence Heights fut de créer une école « propre et accueillante » qui serait une source de fierté pour tous. À Sacred Heart, l'« ambiance familiale » que l'on souhaitait instaurer fut créée par l'emploi d'affiches et d'accessoires d'apprentissage colorés, ainsi que par l'ajout de meubles confortables et de plantes. À Monticello, le personnel avait en mains un immeuble tout neuf et il s'efforça de le maintenir en bon état, sans graffiti et sans vandalisme.

**Climat d'attentes élevées pour la réussite**. Créer un climat d'attentes élevées pour la réussite était également une priorité dans chacune de nos trois écoles. Les membres du personnel se concertèrent pour découvrir et instaurer des structures et des stratégies qui permettraient à leurs élèves de réussir. Sacred Heart devint une « oasis de stimulation mentale » où les enseignants appliquent leurs connaissances sur l'apprentissage neuromimétique, les différents types d'intelligence, les styles d'apprentissage et l'enseignement différencié. À Lawrence Heights, le personnel adopta le slogan « La réussite, une question de conviction » et s'engagea à fournir des rapports de progression à toutes les deux semaines, qui permirent également d'appliquer la règle « Si vous obtenez un non, c'est non pour les activités ». On élabora aussi divers programmes au soutien du succès scolaire : Éducation, sports et réussite, le projet Fierté,

D'homme à homme et Alphabétisation et technologie. À Monticello, le personnel étudia les résultats des élèves selon les normes d'apprentissage de l'État, puis étendit son étude afin d'inclure des méthodes d'évaluation formatives et des examens de fin d'année afin de guider son choix de méthodes pédagogiques. Le personnel de cette école est si engagé à employer les données de rendement des élèves pour guider son enseignement et ses efforts d'amélioration qu'il a employé une partie de son budget de ressources humaines pour engager un coordinateur à cet effet. Les élèves de Monticello sont continuellement réévalués dans le continuum de la réussite et dirigés dans des programmes qui soutiennent leur progrès scolaire et leur développement.

**Évaluation fréquente du progrès des élèves**. Dans chacune des trois écoles, on a recueilli des données probantes afin de faire le suivi du rendement et de mesurer le développement des élèves. Les enseignants obtinrent le temps nécessaire à la planification en équipe, suivant les conclusions de l'analyse des données de rendement. Ces équipes identifièrent les objectifs d'apprentissage essentiels dans chacune des matières principales et planifièrent l'enseignement pour atteindre ces objectifs. Dans chacune de ces trois écoles, le personnel se concentra sur l'amélioration des résultats aux examens de l'État ou de la province et utilisa des méthodes d'évaluation formatives et sommatives à l'échelle de la classe et de l'école, en vue d'améliorer l'enseignement.

**Relations constructives entre la maison et l'école**. L'importance de l'engagement des parents en tant que partenaires dans l'éducation de leurs enfants fut reconnue dans chacune de nos trois écoles. Des méthodes de contact direct et des outils de communication régulière des résultats furent mises en place dans les trois établissements. Chaque école rencontra des obstacles dans ses efforts d'engagement des parents, mais aucune ne laissa ces difficultés entraver ses efforts. On savait que les parents désirent tous la réussite pour leurs enfants et qu'ils sont prêts à fournir leur soutien s'ils sont convaincus que l'école a à cœur le succès de ses élèves. Le personnel de chacune de ces écoles a donc fourni un effort concerté pour bâtir des relations solides entre l'école et la maison.

**Occasions d'apprentissage et répartition du temps accordé à chaque sujet.** Chacune de nos trois écoles a trouvé des moyens de maximiser l'apprentissage pour tous ses élèves. Le rendement individuel de chaque élève fit l'objet d'un suivi et on fournit, au besoin, du temps et du soutien supplémentaires pour l'apprentissage. À l'école Monticello, l'horaire quotidien fut modifié pour permettre le mentorat des élèves par les enseignants, et pour offrir de l'assistance aux élèves en difficulté. À Sacred Heart, un horaire quotidien modifié et des solutions de rechange aux récréations et aux moments libres de l'heure du repas permit de réduire le nombre de périodes non structurées, dont le chaos avait un impact sur l'enseignement. Le programme de soutien pédagogique fut complètement restructuré afin d'offrir davantage de soutien direct aux élèves. En outre, on mit en place d'autres programmes au soutien de l'enseignement, tels que le mentorat par les pairs et les « regroupements de couloir ». Lawrence Heights mit en œuvre les programmes Éducation, sports et réussite et Alphabétisation et technologie afin d'offrir du soutien aux élèves par des mentors adultes. Les rapports de progression « La réussite, une question de conviction », émis toutes les deux semaines, ciblaient l'assiduité, la ponctualité, l'achèvement des devoirs et l'amélioration continue dans toutes les matières.

## Les havres d'espoir ne se créent pas d'eux-mêmes

Toutes les écoles planifient, mais de nombreuses écoles ne planifient pas l'amélioration. Parfois, une école se concentrera sur la mise en œuvre d'un nouveau programme, processus ou activité et se convaincra qu'elle a planifié pour améliorer l'établissement. Cependant, les initiatives ne valent pas mieux que les résultats qu'elles produisent. L'école doit donc se demander : « Est-ce que cette initiative produira une amélioration du rendement des élèves ? » Si la réponse à cette question est tout autre chose que « Oui ! », l'école n'a pas vraiment planifié une amélioration. Pour s'assurer que de nouveaux programmes ou de nouvelles méthodes ou activités produisent réellement une amélioration, l'école doit se doter de moyens pour mesurer ses progrès. Les projets d'amélioration des écoles efficaces se concentrent sur ce qui doit être fait pour améliorer les résultats obtenus par les élèves.

Dans son travail auprès d'écoles au Canada et aux États-Unis, Wayne Hulley a observé de nombreux types d'approche à la planification scolaire. Les havres d'espoir que sont les écoles décrites dans ce livre ont toutes trois planifié l'amélioration de l'école et du rendement des élèves. Dans ce processus, elles ont employé les données de rendement pour s'assurer que les programmes mis en œuvre avaient un effet positif sur l'apprentissage. Plutôt de planifier pour mettre en œuvre, on planifie pour améliorer l'apprentissage : c'est là le secret des havres d'espoir. Hulley soutient que certaines écoles sont plus efficaces que d'autres, et que l'école de l'élève peut faire toute la différence dans son parcours. En conclusion de son travail, Hulley a identifié les principes suivants, qui sont présents sans exception dans la planification des écoles efficaces :

- Planifier la réussite de tous les élèves.

- Cibler l'amélioration du rendement des élèves.

- Réaliser que les améliorations dans le comportement, l'assiduité et l'attitude des élèves aura un effet sur leur rendement.

- Être guidés par une intention commune clairement énoncée.

- Utiliser l'évaluation du rendement des élèves et d'autres données probantes pour planifier l'amélioration, ainsi que pour faire le suivi et l'ajustement du plan au besoin, en vue d'atteindre les objectifs visés.

- Établir des communautés d'apprentissage profession-nelles où le personnel peut collaborer.

- Planifier l'amélioration, puis évaluer régulièrement les progrès vers les objectifs visés.

- Utiliser le temps et le personnel disponibles pour améliorer les résultats de l'apprentissage.

- Établir des objectifs clairs pour guider les activités et évaluer les progrès.

- Mettre en œuvre des stratégies à rendement élevé pour atteindre ces objectifs.

## L'harmonisation : la base de l'amélioration de l'école

La pédagogie est influencée à plusieurs échelons : classe, école, direction régionale, province et pays. Lorsque les priorités de l'école en vue de son amélioration sont harmonisées avec les prio-rités de la direction régionale et celles de la province, le temps et les ressources disponibles peuvent être mis à profit pour faciliter une planification visant la réussite des élèves et le succès de l'école. Cette harmonisation est profitable pour les enseignants et, au bout du compte, pour les élèves.

En effet, on a pu constater au fil des ans que les écoles indi-viduelles s'améliorent davantage et plus rapidement lorsque le processus de planification pour la réussite est également un objec-tif de la direction régionale. Les administrateurs et les dirigeants élus ont également un important rôle à jouer. Comme le souligne Michael Fullan (Fullan, Bertani et Quinn, 2004) les dirigeants sco-laires efficaces, en plus de comprendre la pédagogie et le proces-sus de changement, doivent :

> (...) savoir utiliser, pour réaliser leur vision, les avantages uniques de leur poste : le mandat de la commission qui les a nommés, une vue d'ensemble de l'organisation en rai-son de leur poste, un forum public et une grande visibi-lité, ainsi qu'un certain contrôle sur les ressources finan-cières et humaines nécessaires pour mettre en œuvre le changement. (p. 43)

Fullan, Bertani et Quinn soutiennent que les dirigeants sco-laires régionaux efficaces arrivent à faire une « conceptualisa-tion dynamique » de ce qui constitue une amélioration significative de leur district. Ils affirment que la mise en œuvre de la vision, pour un dirigeant, requiert « un niveau d'interac-tion élevé avec les autres membres du district scolaire et beau-coup de communication dans les deux sens, afin d'approfondir le sens de responsabilité et d'engagement de tous ». L'impact des dirigeants régionaux efficaces sur l'amélioration de leur district ou de leur commission scolaire est très similaire à celui des directeurs d'école sur l'amélioration de leur établissement.

En Saskatchewan, Gwen Keith, directrice du district scolaire Regina Catholic Schools, par ses efforts auprès des membres de la commission scolaire et du ministère de l'Éducation, a réussi à faire modifier l'horaire quotidien de l'école Sacred Heart, afin

## L'harmonisation pour la réussite scolaire

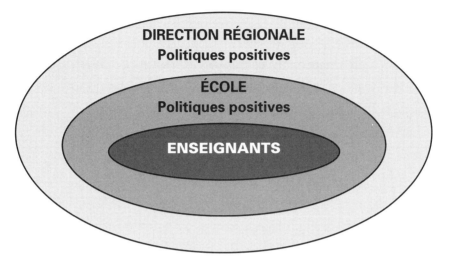

de venir en aide aux enseignants dans le travail qu'ils jugeaient nécessaire. Les classes jumelées, qui furent également conçues avec son soutien, font aujourd'hui partie intégrante de la culture de Sacred Heart. Le surintendant de district de l'école secondaire Monticello est Kevin Castner. Dans son discours au personnel pour l'année 2003–2004, il déclarait que « l'enseignement ne saurait être un succès seulement pour quelques élèves; il doit garantir la réussite pour tous. Nous devons conquérir les cœurs et les esprits de tous nos élèves afin qu'ils puissent fournir un travail de qualité et devenir des adultes à part entière. C'est là le rôle de la pédagogie. » La commission scolaire du district de Toronto a su, quant à elle, offrir un soutien sans faille aux programmes novateurs mis en œuvre à Lawrence Heights.

Le district scolaire High Prairie, en Alberta, démontre sans équivoque le pouvoir du leadership aux échelons du district et de la province pour le succès de ses écoles et de ses élèves. Soutenu par Alberta Learning, le district en est à sa deuxième phase de soutien financier pour l'amélioration scolaire. Ce programme de soutien, l'Alberta Initiative for School Improvement (AISI), a pour mandat d'encourager et de faciliter les efforts d'amélioration des écoles par le développement professionnel et l'apport des structures et ressources nécessaires. Dans le cadre de la planification pour l'année scolaire 2003–2004, chacune des écoles du district scolaire High Prairie a formé une équipe de réussite scolaire qui travaillerait avec Wayne Hulley sur une période de sept mois. Pendant cette période, les équipes obtient les connaissances de base et les matériaux nécessaires pour lancer le processus de planification pour la réussite dans leur établissement. Les équipes avaient l'occasion de commencer le travail dans leur école même, dans un contexte de collaboration et de soutien professionnel qui leur permit d'apprendre ensemble pendant une longue période. Des progrès rapides furent constatés au cours de l'année de mise en œuvre de cette méthode de formation.

Elle a d'ailleurs été approuvée et étendue à l'année scolaire 2004–2005. En octobre, Linda Dier dirigea un séminaire de deux jours pour les administrateurs d'école et du bureau régional sur leur rôle de soutien des initiatives d'amélioration scolaire. Wayne Hulley continua sur cette lancée en novembre avec un suivi dans chacune des écoles, où il posait des questions ciblées afin d'évaluer le niveau d'engagement et constater les activités entreprises pour mettre en œuvre la planification établie. Ces activités font maintenant partie du processus de planification à long terme du district.

## La communauté d'apprentissage professionnelle : un forum de collaboration

Le travail de Rick DuFour et Bob Eaker (1998) sur le pouvoir de la collaboration par le développement de communautés d'apprentissage professionnelles (CAP) a eu un impact significatif sur les écoles et l'amélioration du système scolaire. Nous examinerons les CAP plus en détail dans les prochains chapitres. Mentionnons toutefois que selon nous, les communautés d'apprentissage professionnelles peuvent œuvrer à divers échelons et selon différentes configurations dans le système scolaire.

Au niveau régional, les décisions prises et les processus élaborés ont un impact énorme sur les élèves et les écoles : il est donc essentiel que tout le personnel de la direction régionale travaille en tant que CAP pour cibler son soutien à l'apprentissage et à l'amélioration du rendement. À l'échelle de l'école, les membres du personnel fonctionnent de façon interdépendante en tant que CAP afin de planifier les structures et processus qui profiteront à tous les élèves de l'établissement. Dans cette incarnation de la CAP, les employés de l'école travaillent en collaboration pour atteindre des objectifs communs. En outre, les enseignants travaillent également en CAP plus ciblées, c'est-à-dire en équipes qui collaborent pour atteindre des objectifs précis établis pour des groupes d'élèves circonscrits.

Dans une commission ou un district scolaire harmonisé, on réalise que l'apprentissage est le rôle premier de la pédagogie et que les structures, systèmes et méthodes doivent être élaborés en vue de soutenir la réussite scolaire des élèves. Dans ce type d'organisation, chaque employé se considère membre d'une communauté d'apprentissage professionnelle dédiée au soutien de la réussite. On observe par conséquent toute une série de

CAP, dont chacune a des objectifs différents, mais qui sont toutes vouées à l'apprentissage des élèves. Les enseignants font partie de la CAP du district ou de la commission scolaire qui leur offre du soutien professionnel et financier. Ils font aussi partie de la CAP de l'école, qui travaille en collaboration au profit de tous les élèves de l'établissement. Enfin, les enseignants font partie d'autres CAP plus restreintes, soit des équipes qui établissent des objectifs très précis et des actions très ciblées afin de répondre aux besoins des élèves au jour le jour.

En exposant notre processus de planification pour la réussite de l'école et des élèves, nous parlons souvent de communautés d'apprentissage professionnelles au pluriel, plutôt qu'au singulier. La raison en est simple : nous tenons à reconnaître le fait que les professionnels doivent collaborer à tous les niveaux et de diverses façons pour répondre aux besoins de tous leurs élèves.

## Résumé

Les havres d'espoir sont des lieux exceptionnels. Les données recueillies par des sondages et des entrevues révèlent qu'à mesure que le rendement des élèves s'améliore, tout le personnel de l'école et tous les élèves et leurs parents deviennent plus optimistes. Les élèves s'attachent davantage à leurs enseignants et à leur école. Les enseignants expriment davantage de satisfaction professionnelle, et les parents démontrent davantage de soutien pour l'école et pour l'éducation en général. La recherche sur les écoles efficaces a démontré que l'amélioration du rendement a un effet positif sur le comportement, l'assiduité et l'attitude des élèves. Lorsque l'école vise la réussite pour tous les élèves, une culture positive émerge : elle est apparente au sein de la classe, et même au-dehors, soit dans les terrains de jeux, dans les couloirs, même dans la salle des enseignants.

Transformer la culture d'une école pour en faire un havre d'espoir n'est pas chose facile. L'idée de changer les horaires, de modifier les stratégies d'évaluation, d'établir des communautés d'apprentissage professionnelles, d'adopter de nouvelles méthodes d'enseignement, d'utiliser les données de rendement pour guider la planification et d'assumer la responsabilité pour les résultats obtenus peut générer de la résistance chez les membres du personnel. C'est normal : on accepte rarement le changement sans ressentir d'abord un peu de nervosité et d'insécurité. Cependant, dans les écoles qui sont sur la voie de l'amélioration, nous avons observé que lorsque les résultats des initiatives de changement se font ressentir, la satisfaction augmente et le mouvement prend de l'élan, permettant de réaliser le rêve de « l'apprentissage pour tous, par tous les moyens ».

Les chapitres qui suivent tracent un chemin éprouvé pour créer des havres d'espoir et, au bout du compte, de meilleures écoles.

## Chapitre 3

# Havres d'espoir :
# une approche éprouvée

Nous avons mentionné l'importance de la transformation culturelle de l'école pour qu'elle puisse devenir un havre d'espoir. En ce sens, nous encourageons les écoles à *planifier l'amélioration* et à laisser de côté les bonnes intentions au profit d'une attitude d'espoir concret. Comment une école peut-elle planifier son amélioration, puis réaliser cette amélioration ? Quels sont les changements à apporter ? L'activité clé de cette réussite est la collaboration. Le concept clé en est l'espoir. Et l'approche clé est ce que nous appelons le *processus de planification pour la réussite de l'école et des élèves.*

Ce processus a été élaboré par Wayne Hulley après une revue exhaustive de la recherche pédagogique et suivant son expérience dans des établissements scolaires partout en Amérique du Nord. Il s'agit d'un modèle cyclique et perpétuel pour l'amélioration continue, qui s'apparente fortement au processus de l'école efficace élaboré par Lawrence Lezotte. Il se base sur un concept très simple, soit le cycle « voir, faire, obtenir », qui a été cité par de nombreux auteurs et scientifiques et qui permet de faire le point sur l'état actuel des choses et sur ce qui est nécessaire pour instaurer un changement significatif.

Le cycle « voir, faire, obtenir » signifie qu'un individu ou une organisation obtient les résultats qui découlent de ses actions. Ce que l'on fait se base sur nos convictions, nos habitudes et notre culture : ainsi, des changements significatifs requièrent d'aborder les choses sous un angle nouveau, puis de prendre diverses mesures qui amèneront des résultats différents et, avec un peu de chance, des résultats meilleurs que ce que l'on obtenait auparavant. La culture ne peut alors que changer.

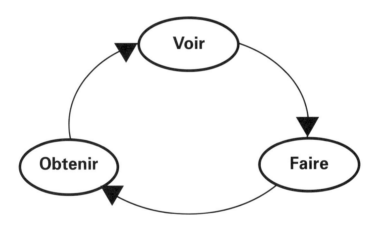

Ajoutons un commentaire sur le pouvoir de l'espoir dans le cycle « voir, faire, obtenir » : lorsque l'espoir règne avec son compagnon, l'optimisme, les résultats découlant des mesures appliquées seront perçus sous un jour favorable. Si les objectifs sont atteints, ceux qui y sont parvenus ont de bonnes raisons d'être satisfaits. Si, cependant, ces objectifs ne sont pas atteints, on peut tout de même apprendre de nombreuses choses du processus et appliquer ultérieurement ce que l'on aura appris. Le processus d'enseignement et d'apprentissage est complexe et souvent ambigu. L'espoir alimenté par l'optimisme, ainsi que la passion, permettront aux pédagogues de rester engagés dans un processus d'amélioration continue.

L'importance de la transformation culturelle, c'est-à-dire d'un changement complet et organique, ne saurait être trop valorisée. Comme le fait remarquer Michael Fullan (1997), la planification linéaire n'a jamais permis de transformer une école : « Les stratégies actuelles, qu'elles s'appliquent de haut en bas, de bas en haut ou horizontalement, ne fonctionnent pas. Nous devons prendre du recul et aborder l'énigme différemment, en commençant plutôt par la base et, comme l'exige cette époque postmoderne, de façon plus paradoxale » (p. 219). Selon Fullan :

> Le besoin de changement est extrêmement problématique et nous en sommes à notre dernière vertu : l'espoir. Nous sommes moins bien équipés par les techniques novatrices que par une compréhension approfondie des interrelations complexes entre les émotions, l'espoir, la sympathie et la mission morale. (p. 221)

Le processus de planification pour la réussite de l'école et des élèves illustré à la page 71 souligne l'importance d'une étude et d'une réflexion ciblées visant à déterminer le niveau de rendement actuel des élèves et la perception de l'école qu'ont le personnel, les élèves et les parents. Il va de soi que les résultats d'examen sont pris en considération, mais la rétroaction des élèves, du personnel et des parents est également importante. Ces données sont essentielles au cours de la phase de développement des objectifs pour que le processus ait un impact positif sur le rendement des élèves et sur la culture de l'école en général. Ce véhicule utile à la réflexion professionnelle, au dialogue, à la planification et au soutien permettra au personnel scolaire de travailler en collaboration pour contribuer à la vie de ses élèves.

On pourra se demander pourquoi nous nommons cette approche le « processus de planification de la réussite de l'école et de ses élèves », plutôt que « processus de planification de la réussite des élèves et de l'école ». Les chapitres suivants traiteront du partage du leadership, des communautés d'apprentissage professionnelles, de l'harmonisation du programme d'études et de la souplesse structurelle, toutes des conditions nécessaires pour améliorer les résultats d'apprentissage de la population étudiante. Nous croyons que la force d'une école repose sur son personnel et que ses membres peuvent avoir un plus grand impact sur l'apprentissage des élèves en travaillant en collaboration que dans l'isolement. Lorsque les enseignants collaborent et en viennent à assumer la responsabilité de tous les élèves de l'école, ils en tirent une meilleure capacité à traiter efficacement la myriade d'exigences qui leur incombent quotidiennement. C'est pour cette raison que nous nommons d'abord « l'école » dans le titre de cet ouvrage. Lorsque l'école dans son ensemble est véritablement efficace, tous les élèves en profitent. La synergie et l'interdépendance qui résultent de relations de collaboration solides ne peuvent qu'améliorer l'apprentissage. Ainsi, en plaçant l'école au premier plan dans le processus de planification, on met la priorité, paradoxalement, sur les élèves.

Ce diagramme du processus de planification pour la réussite de l'école et des élèves illustre les liens entre les cinq phases du processus : régler le cap, étude, réflexion, planification, mise en œuvre.

## Processus de planification pour la réussite de l'école et des élèves

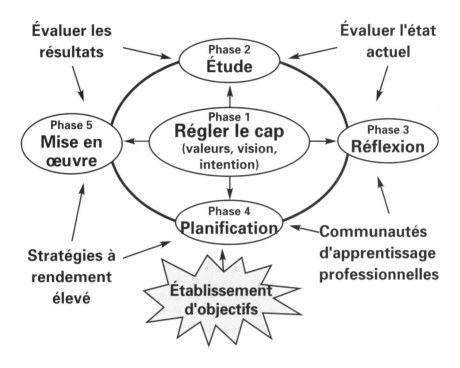

### Phase 1 : régler le cap (valeurs, vision, intention)

La première phase demande au personnel entier d'élaborer en commun des énoncés de valeurs, de vision et d'intention. Les valeurs déterminent les comportements. La tenue d'une discussion sur les valeurs touche les sentiments de ceux qui y participent. Par ces dialogues, les membres du personnel en viennent à identifier ce qui compte réellement pour eux et à exprimer leurs convictions sur l'environnement scolaire, le travail d'enseignement et l'apprentissage. Lorsque le personnel identifie la valeur commune de l'apprentissage, la prochaine étape consiste à se poser la question : « Est-ce que tous les élèves apprennent ? »

Si le personnel ne commence pas par une telle discussion de ses valeurs communes, mais plonge plutôt tête première dans la cueillette et l'analyse de données, le processus devient un exercice intellectuel. On aura alors tendance à vouloir tout justifier et à porter le blâme sur autrui : « Pas surprenant que leurs résultats soient aussi faibles : il suffit de voir le milieu familial où ils évoluent ! Pas surprenant que leurs résultats soient aussi faibles : ils ne font jamais leurs devoirs ! Pas surprenant que leurs résultats soient aussi faibles : ils ne savaient même pas lire ni faire des mathématiques quand ils sont arrivés dans ma classe ! Ils n'enseignent donc rien dans les autres années ? » et ainsi de suite. La réflexion et le dialogue inhérents au processus d'identification des valeurs sont très importants. Il est impossible d'articuler ses valeurs personnelles sans s'engager émotionnellement. Ainsi, l'identification des valeurs communes du personnel scolaire lui permet de jeter les bases de son travail de collaboration.

L'énoncé de vision permet aux membres du personnel de dresser un portrait de ce qu'ils désirent créer pour les élèves, pour l'école et pour eux-mêmes. Ils doivent alors se poser la question : « Comment les valeurs que nous avons identifiées se manifesteront-elles dans la communauté scolaire que nous allons créer ? » Les réponses à cette question permettront au personnel d'élaborer son énoncé de vision.

L'énoncé d'intention est une phrase simple visant à inspirer ceux qui la lisent et à servir de guide pour toutes les décisions prises et toutes les actions posées. Un énoncé tel que « Notre intention consiste à insuffler de l'espoir à tous nos élèves et à assurer leur réussite » permet d'inspirer et de diriger le personnel lorsqu'il abordera son mandat fondamental, soit « l'apprentissage pour tous, par tous les moyens ».

## Phase 2 : étude

La phase d'étude porte d'abord et avant tout sur la cueillette de données ou autres renseignements probants dans les domaines cruciaux pour la planification. Il est essentiel, dans cette phase, de mesurer « ce qui compte ». En effet, les écoles souffrent d'une surabondance de données, et seulement une partie d'entre elles seront pertinentes au projet d'amélioration. Parmi ces données, nous nommons les plus pertinentes les « données probantes ».

Une fois que le personnel a clairement identifié et énoncé ses valeurs, il est en mesure de recueillir et d'analyser les données probantes appropriées. Il peut ensuite formuler des questions sur le rendement actuel de l'école et des élèves, puis recueillir les données probantes qui l'aideront à répondre à ces questions. Ensuite, une fois les données probantes en mains, il est en mesure d'établir ses objectifs et de commencer le processus de planification. Si le personnel a déclaré que l'apprentissage faisait partie de ses valeurs, les données probantes sur le rendement des élèves seront importantes à ses yeux.

C'est là une approche rafraîchissante dans les écoles, où on a été longtemps forcé de se baser sur des données que d'autres avaient désignées comme étant prioritaires. Suivant notre expérience, lorsque les pédagogues peuvent contribuer au processus, notamment à l'identification du soutien dont ils ont besoin, ils étudient et utilisent volontairement les données disponibles afin d'améliorer le rendement des élèves. Toutefois, s'ils se font dire qu'ils doivent valoriser et utiliser certaines données pour créer un rapport pour quelqu'un d'autre, leur engagement et leur soutien du processus seront sérieusement compromis.

## Phase 3 : réflexion

La phase de réflexion est étroitement liée à la phase d'étude. La réflexion exige l'analyse des données probantes de façon à ce qu'elle produise des résultats significatifs pour le personnel. C'est à cette étape du processus de planification pour la réussite que l'on crée des communautés d'apprentissage professionnelles (CAP), qui auront pour objectif de faire ressortir les renseignements utiles de ces données. Lorsque les membres du personnel sont organisés en CAP, ils sont en mesure de soumettre les données recueillies à une réflexion plus approfondie. Ainsi, en collaborant, ils peuvent soupeser les données probantes en vue de déterminer ce qu'elles signifient pour le rendement de leurs élèves. Ce processus jette les bases de la planification à venir et permet l'établissement d'objectifs plus pertinents. La communauté d'apprentissage professionnelle est décrite plus en détail au chapitre 8.

## Phase 4 : planification

Au cours de la phase de planification, les données probantes recueillies précédemment sont utilisées en vue d'établir des objectifs. Les pédagogues, quand il s'agit de se fixer des objectifs, peuvent habituellement trouver toute une pléiade de choses qu'ils pourraient mieux faire. Par conséquent, ils se fixent souvent un trop grand nombre d'objectifs concurrents. Il en résulte inévitablement un profond découragement, car même un investissement considérable de temps et d'énergie produit alors de piètres résultats. Dans le processus de planification pour la réussite, nous recommandons que chaque CAP établisse un maximum de trois objectifs sur lesquels elle concentrera ses efforts. La seule condition dans le choix de ces objectifs est qu'ils contribuent à une amélioration de l'apprentissage.

Pour ce qui est de la définition des objectifs de planification pour la réussite, nous recommandons le modèle *SMART*. Conzemius et O'Neill (2002) décrivent ainsi les objectifs SMART : **S**tratégiques et spécifiques, **M**esurables, **A**tteignables, axés vers les **R**ésultats et limités dans le **T**emps. Utilisés efficacement, les objectifs SMART permettent au personnel de l'école de cibler et d'optimiser le processus de planification, car de tels objectifs visent des résultats démontrables qui peuvent être atteints selon un échéancier raisonnable.

Les CAP peuvent choisir toute une variété d'approches, de méthodes et de systèmes pour les aider à atteindre leurs objectifs. La planification de la mise en œuvre peut notamment inclure l'exploration de la recherche en cours et d'études de cas afin d'établir des stratégies ayant les plus grandes chances de garantir l'atteinte des objectifs. Nous les appelons « stratégies à rendement élevé ».

Les objectifs et les plans de mise en œuvre de chacune des CAP forment alors la base du plan d'amélioration de l'école.

## Phase 5 : mise en œuvre

Dans la phase de mise en œuvre, on applique les stratégies à rendement élevé que l'on a choisies en vue d'atteindre les objectifs fixés. Il est essentiel que les CAP disposent du temps et du soutien nécessaire pour se rencontrer régulièrement. Leur travail consiste à planifier, à appliquer et à faire le suivi. Ce travail de suivi consiste à recueillir des données probantes afin de mesurer l'effet des nouvelles approches mises en œuvre. Ces données permettent alors de revenir à la phase d'étude, où le cycle d'amélioration continue recommence.

Le processus de planification pour la réussite de l'école et des élèves est véritablement cyclique et perpétuel, en ce sens qu'il permet une amélioration et un développement continus.

## Résumé

Le processus de planification pour la réussite de l'école et des élèves offre un chemin éprouvé vers le succès scolaire. Ce modèle a été appliqué dans de nombreuses commissions scolaires en Amérique du Nord et a fait ses preuves au soutien de la mission des écoles efficaces, soit « l'apprentissage pour tous, par tous les moyens ». Il ne s'agit pas d'un programme rigide à appliquer à la lettre; bien au contraire, c'est un modèle de planification souple et adaptable conçu pour faciliter un véritable processus d'amélioration.

Selon nous, les écoles doivent tenir compte de deux questions importantes au cours de ce travail :

1. Notre planification vise-t-elle l'amélioration ? (plutôt que de planifier la planification ou de planifier la mise en œuvre de nouvelles activités)

2. Sommes-nous engagés collectivement à faire le nécessaire pour offrir le soutien requis afin que tous les élèves atteignent la réussite ?

Selon notre expérience, le processus de planification de la réussite de l'école et de ses élèves offre une structure favorable à un changement positif dans nos classes et nos écoles, un changement qui amène une culture d'espoir. Une structure, cependant, ne garantit pas le changement. Les écoles changent en raison des actions posées par leur personnel. La deuxième partie décrit des activités et des stratégies utiles pour apporter des changements à l'établissement scolaire et favoriser la réussite des élèves.

*Deuxième partie*

# Stratégies utiles pour créer des havres d'espoir

# Chapitre 4

# La planification au service de l'amélioration : qui dirige ?

Au cours des années 1980 et au début des années 1990, le consensus dans le domaine de la recherche sur les écoles efficaces voulait que le directeur d'école était la clé de la modification de la culture scolaire et de la réforme. Les ouvrages écrits à l'époque véhiculent l'idée préconçue que le directeur d'école, en posant des attentes élevées et en dirigeant les activités de son personnel, amènera les enseignants à collaborer et ainsi, parviendra à créer une école efficace. Autrement dit, le directeur d'école était le contremaître de l'usine, celui qui garantissait que les travailleurs suivaient le règlement.

Les premiers efforts d'amélioration scolaire se concentraient davantage sur les aspects structuraux, plutôt que les aspects culturels. On y conseillait la modification des horaires, la révision de la composition des classes et la mise en œuvre de nouveaux programmes, et ainsi de suite. Au cours de cette période, la tendance vers la planification à l'échelle de l'école formait une tentative de remettre aux écoles la responsabilité des décisions locales. Cependant, aucune de ces stratégies n'avait l'effet souhaité, parce que rien n'était tenté pour modifier la culture ni à l'échelle de l'école, ni à l'échelle régionale.

Le recherche actuelle démontre que, bien que le directeur joue un rôle essentiel dans le processus d'amélioration scolaire, une amélioration véritable est la responsabilité de tous. Robert Marzano (2003) conclut que « bien qu'il soit vrai qu'un leadership fort de la part du directeur puisse être une force motrice de la réforme scolaire, l'idée qu'un individu seul puisse instaurer le changement par sa volonté et son charisme n'est tout simplement pas appuyée par la recherche » (p. 175). Pour être déterminants, les efforts relatifs au changement doivent être soutenus à la fois par les directeurs et les enseignants. Cet état de choses n'est possible que si tous travaillent dans une solide culture de collaboration basée sur des valeurs communes.

---

« Le partage d'une même vue d'ensemble permet une compréhension commune pour tous. »

—Blanchard et Muchnick (2003, p. 74)

---

Notre insistance sur la collaboration ne réduit en rien l'importance du leadership de la part du directeur d'école. Au contraire, nous croyons qu'un leadership officiel solide est nécessaire pour qu'une école puisse s'améliorer. Il est essentiel que le directeur fasse de l'amélioration scolaire une priorité et qu'il communique ce message à son personnel. Cependant, un leadership solide requiert le partage des responsabilités. Le directeur doit d'abord et avant tout présenter au personnel le processus de planification pour la réussite de l'école et des élèves, puis ouvrir la discussion sur l'idée de la planification pour l'amélioration, et non la planification comme fin en soi. Le directeur doit aussi créer une équipe de coordination de l'amélioration. Ces actions évoquent clairement la conviction du directeur quant à l'importance de la planification pour la réussite, ainsi que son intention d'agir au soutien de ce processus dans l'établissement.

Dans certaines écoles, cette approche équivaut à confronter directement la culture dominante. Certains membres du personnel objecteront que leurs méthodes actuelles sont parfaitement adéquates ou qu'ils font déjà de leur mieux, ou encore opteront pour un cynisme résigné : « Bon, on a déjà vu ça, aussi bien obéir . . . » Le directeur de l'école doit comprendre qu'il rencontrera de la résistance et qu'un véritable changement n'est jamais facile.

Le rôle du leader consiste à avoir un effet positif sur le monde de demain par ses actions d'aujourd'hui. Pour ce faire, il doit concentrer ses efforts sur la création d'une culture centrée sur l'apprentissage et la réussite. Dans les trois écoles qui nous servent d'exemples, le directeur, chacun à sa façon, a créé une telle culture. Chacun d'eux a transmis le message voulant que l'apprentissage et la réussite des élèves étaient des priorités absolues. Loretta Tetreault, de l'école Sacred Heart, confie : « Je savais que je ne convaincrais pas tous les membres du personnel, car le changement est difficile, alors je me suis préparée au pire et j'ai plongé. » Lorsque Irving Jones commença à établir la culture de l'école secondaire Monticello, 25 des 70 enseignants quittèrent dès la première année. Chris Spence utilisait la phrase « Si on ne peut pas le mesurer, on ne peut pas l'améliorer » pour indiquer à son personnel que l'apprentissage n'allait pas nécessairement de soi. Il a établi des limites claires pour le personnel quant à ses exigences pour le travail d'équipe et la collaboration à Lawrence Heights. Changer une culture qui se contente de « l'apprentissage pour certains » en une culture qui prône

« l'apprentissage pour tous » peut être extrêmement difficile pour toutes les personnes qui y travaillent.

Chacun de nos directeurs d'école a également réalisé que l'amélioration de l'école serait impossible sans le soutien du personnel. Comme nous l'avons mentionné plus haut, Loretta Tetreault dit : « Je veux bien être félicitée pour avoir lancé le processus », mais précise que « les 'je' se sont rapidement transformés en 'nous' lorsque les résultats de nos efforts ont commencé à se faire sentir ». Chris Spence a concentré ses efforts pour apporter inspiration et direction à son personnel, ainsi que du soutien pour le travail d'amélioration. Quant à Irving Jones, il a fait participer son personnel au processus de planification et de prise de décision dès le début. Lorsque le personnel de l'école secondaire Monticello rencontra un manque de confiance chronique de la part de la collectivité locale, ils décidèrent de prendre l'engagement audacieux de démontrer une croissance significative dans les résultats de l'école sur une période de trois ans.

---

« Le leadership est le contraire du contrôle. »

—Blanchard et Muchnick (2003, p. 19)

---

Le leadership dans un contexte de changement n'est ni facile, ni prévisible. Qu'est-ce que les administrateurs peuvent faire pour créer une culture de partage du leadership, où tous les membres de la communauté participent et sont engagés envers l'atteinte d'objectifs communs qui ciblent l'apprentissage ?

## Deux équipes pour l'amélioration scolaire

Nous sommes convaincus que le processus de planification pour la réussite de l'école et des élèves requiert deux équipes de travail ayant chacune un mandat différent. La première équipe, soit le conseil de coordination, s'occupe de lancer le processus et de le soutenir jusqu'à la phase de mise en œuvre. La deuxième, soit l'équipe de gestion de la réussite scolaire, prend alors la relève et gère le processus jusqu'à la fin du cycle.

**Le conseil de coordination.** Les membres de cette équipe doivent être sélectionnés avec soin pour garantir que tous les intéressés parmi le personnel sont représentés, mais sans que le groupe soit trop nombreux. Selon nous, la meilleure méthode pour former le conseil de coordination consiste à demander au personnel de décider comment l'école peut être représentée au mieux et comment les membres du conseil devraient être sélectionnés. Si le directeur se contente de nommer les membres du conseil, son personnel verra cette initiative comme « encore une autre bonne idée du directeur ». Habituellement, le conseil sera composé de représentants des principaux départements de l'école, ainsi que de membres de l'administration. Le mandat du conseil consiste à démarrer le processus de planification. Comme il ne comprend qu'un nombre restreint de personnes, le conseil devra recueillir les opinions du reste du personnel, ainsi que des élèves, des parents et de la collectivité afin d'obtenir une vue d'ensemble complète de ce qui doit être accompli.

Le conseil de coordination travaille au meilleur de ses capacités lorsque son seul rôle est de faciliter le processus de planification. Il n'est pas responsable d'élaborer le plan d'amélioration lui-même; son rôle est plutôt de faciliter et de soutenir le processus. L'amélioration de l'école est une tâche qui ressort du personnel entier : c'est donc lui qui doit effectuer la planification. L'apport des parents, des élèves et des autres intéressés est essentiel aux phases d'*étude* et de *réflexion* du processus;

cependant, le travail d'amélioration lui-même incombe aux professionnels. Le conseil de coordination est l'équipe la plus importante de l'école. Ceux qui en font partie doivent démontrer une attitude positive, être passionnés par l'apprentissage et ne pas avoir peur du changement.

Comme la collaboration et la prise de décisions en commun sont les clés du succès dans le processus de planification, elles doivent être manifestes dès le début et rester constamment alimentées par l'établissement de communautés d'apprentissage professionnelles. Il faut noter ici que la capacité des individus à fonctionner efficacement en équipe ne vient pas d'elle-même. Pour accélérer le processus de planification et éviter le découragement, une formation professionnelle adéquate doit être fournie au début des activités et au fur et à mesure du processus, lorsque d'autres besoins se manifestent. De la formation dans les domaines de la collaboration, de l'établissement de consensus, de la gestion de réunions, de l'analyse des données, des stratégies à rendement élevé et du leadership fournira aux enseignants les outils requis pour aller de l'avant.

Une des fonctions les plus importantes du conseil de coordination consiste à identifier et à respecter les besoins des employés qui ne sont pas aussi engagés qu'eux dans le processus de changement. Marzano (2003) suggère que les dirigeants « doivent porter attention aux préoccupations des enseignants et demeurer accessibles ; ils doivent participer à des processus de prise de décision et de résolution de problèmes en collaboration avec les enseignants qui ne font pas partie de l'équipe » (p. 176). Il est normal qu'une partie du personnel oppose une certaine résistance au changement. Ces individus peuvent cependant avoir des points de vue fort utiles et il est essentiel de les écouter. Au bout du compte, cependant, le processus de planification doit continuer. Il est également important que les contestataires ne soient pas perçus comme des « méchants ». On doit continuer de les informer et de les soutenir pour qu'ils puissent comprendre le besoin de changement, comment il se produira et ce qu'il signifie pour eux. Schmoker (2001) dit du leadership qu'il « se définit et s'actualise par une confrontation en douceur, mais persistante » en vue du changement (p. 21).

L'activité clé de cette réussite est la collaboration. Comme le font remarquer Lezotte et McKee (2002) : « Celui qui n'est pas tenu au courant de ce que vous entreprenez dès le début s'opposera probablement à vous plus tard » (p. 116). Ces auteurs soulignent l'importance d'une communication bilatérale ouverte, qui garantit que tous les membres du personnel sont parfaitement au courant du travail du conseil et qu'ils ont l'occasion de donner leur opinion, de poser des questions et d'exprimer leurs préoccupations. Le programme des réunions du conseil doit être distribué à tout le personnel et les réunions doivent être ouvertes à qui veut y assister. Une fois que la planification de l'école est finalisée, son contenu ne devrait surprendre personne.

Le processus de changement est chaotique. Faire participer le personnel entier dans des processus de prise de décision et de résolution de problème en collaboration comportera certainement des défis, puisque l'engagement des individus envers le processus n'est jamais égal. Lorsque le directeur et le conseil de coordination travaillent de façon interdépendante avec le personnel, les individus ne passent pas inaperçus. Le bon travail est facilement identifié et peut être célébré. En outre, ceux qui ne participent pas à la recherche de solutions se font également remarquer. Fullan (2001) nous rappelle que « dans les organisations où règne la collaboration, on retrouve non seulement un fort niveau de soutien, mais également une bonne part de pression par les pairs » (p. 118).

Pour cette raison, l'apport du directeur est une condition sine qua non pour le bon fonctionnement du conseil de coordination. Lorsque le directeur communique sans relâche son désir de voir tous les membres du personnel participer au processus, il peut travailler avec les employés réticents pour garantir que l'évitement ne soit pas une option. En grande partie, le rôle du directeur est d'anticiper les obstacles au succès et de préparer des moyens pour les surmonter.

**L'équipe de gestion de la réussite scolaire.** Au cours de la mise en œuvre de la planification (phase 5), une autre équipe doit être mise en branle. L'équipe de gestion de la réussite scolaire a pour rôle de soutenir la mise en œuvre de la planification préparée au cours des phases précédentes et d'en faire le suivi.

Nous avons choisi délibérément le terme « gestion » pour renforcer l'idée que le changement doit toujours être géré efficacement pour s'intégrer dans la nouvelle culture de l'établissement. Une école qui s'engage envers l'amélioration prend un engagement à long terme. Le rôle de l'équipe de gestion de la réussite scolaire consiste à faciliter le travail de l'école et à alimenter cet engagement. Si le processus de changement n'est pas géré, il y a de bonnes chances que les nouvelles idées disparaissent au profit des habitudes acquises.

L'équipe de gestion de la réussite scolaire, idéalement, représente un microcosme de la communauté scolaire. Elle peut comprendre des membres du personnel, des représentants des élèves et des parents, des administrateurs de la commission scolaire, ainsi que des représentants de la collectivité locale. Il n'est pas impossible que des enseignants ayant participé au conseil de coordination puissent demeurer dans cette nouvelle équipe; cependant, il faut que nouveaux représentants des enseignants soient aussi présents.

Le mandat de l'équipe de gestion de la réussite scolaire consiste à soutenir le travail des communautés d'apprentissage professionnelles. À cette fin, des représentants de chaque CAP devraient assister régulièrement à des rencontres avec l'équipe afin de leur présenter leur travail et les progrès réalisés par rapport à leurs objectifs. Ces rencontres sont de bonnes occasions pour les CAP de célébrer leurs réussites et de faire des ajustements de parcours en collaboration avec l'équipe.

Cependant, l'équipe doit garder à l'esprit que l'amélioration des résultats ne se fera pas instantanément. En fait, un certain temps peut s'écouler avant que l'effet des nouvelles stratégies et méthodes se fasse sentir. L'une des conclusions universelles de la recherche sur le processus de changement dans le monde scolaire est que toutes les écoles ayant atteint la réussite ont connu ce que Michael Fullan (2001) appelle des « creux de mise en œuvre ». Ce phénomène se caractérise par une baisse de rendement et de confiance en soi lorsque les individus rencontrent des situations qui exigent de nouvelles compétences et une nouvelle compréhension.

Les innovations placent les gens dans des situations où ils doivent changer leurs comportements et leurs idées préconçues. L'inconfort qui en résulte peut provoquer de l'anxiété, de la peur, de la confusion et du découragement. On pourra alors remettre en question ses propres compétences et être tenté de revenir en arrière et de « faire comme avant ». Dans ce cas, un creux de mise en œuvre se produit. Le soutien, l'encouragement et la célébration des succès obtenus sont d'autant plus importants à cette étape du processus. L'équipe de gestion de la réussite scolaire a un rôle essentiel à jouer pour garantir que le changement continue à aller de l'avant.

Les creux de mise en œuvre sont parfaitement normaux. Lorsque les individus se retrouvent face au changement, ils doivent effectuer une transition. Pour certains, cette transition est un processus long et douloureux. D'autres acceptent le changement avec plaisir et gèrent ces transitions assez facilement. William Bridges (1991) souligne que les habitudes acquises auront toujours le dessus sur la nouvelle façon de faire si celle-ci ne bénéficie pas d'un soutien continu. « Ce ne sont pas les changements qui auront raison de vos efforts, écrit-il. Ce sont les transitions » (p. 3). L'équipe de gestion de la réussite scolaire doit surveiller ce type de réaction et fournir le soutien nécessaire pour faire avancer le processus de changement.

Pour être efficace, l'équipe de gestion de la réussite scolaire doit comprendre que le changement est un processus, et non un événement. Les membres de l'équipe doivent aussi connaître le phénomène des creux de mise en œuvre et ne pas paniquer si des ornières surviennent dans l'application de nouvelles stratégies ou méthodes. Ils doivent être à l'écoute de ceux qui sont au cœur de l'action et leur garantir leur soutien. Bref, l'équipe doit faire en sorte que le processus de changement continue d'avancer.

Chaque année, le point culminant pour l'équipe de gestion de la réussite scolaire est la préparation et la présentation à la collectivité d'un rapport sur le processus de planification pour la réussite de l'école et des élèves. L'information contenue dans ce rapport formera la base de la planification de l'école pour l'année suivante.

## Résumé

À certains endroits, les règlements locaux ou provinciaux exigent que les parents, les élèves et les membres de la collectivité participent à toutes les étapes du processus de planification. Dans ce cas, le conseil de coordination reste en fonction tout au long de ce processus.

Cependant, nous sommes d'avis que la formation de deux équipes distinctes, soit le conseil de coordination et l'équipe de gestion de la réussite scolaire, peut être bénéfique au processus de planification. Selon notre expérience, lorsque le travail est entamé par un conseil de coordination composé de leurs collègues, les enseignants se sentent plus à l'aise, communiquent plus aisément et établissent des objectifs plus exigeants. Lorsque la planification « appartient » à ceux qui feront le travail de mise en œuvre, le travail de l'équipe responsable en est facilité.

Lorsqu'ils possèdent à la fois le pouvoir et la responsabilité de l'étude, de la réflexion, de la planification et de la mise en œuvre, les enseignants ont la latitude professionnelle nécessaire pour ajuster le plan d'amélioration de l'école suivant des objectifs essentiels établis par l'examen de données probantes. Comme ce processus de planification en est un d'amélioration continue, il doit être revu chaque année, et corrigé si nécessaire, afin de garantir qu'il répond aux besoins de l'école. Il se peut qu'après un certain temps, une seule équipe suffise. Cependant, nous croyons que cette décision devrait être laissée à la discrétion des professionnels qui sont responsables du travail d'amélioration de l'école.

L'importance du leadership dans le processus d'amélioration de l'école est cruciale. Nous croyons qu'un leadership efficace pour le changement est caractérisé par l'engagement, la ténacité, l'optimisme et l'établissement de relations solides et respectueuses. La mission morale et l'espoir forment une base solide pour le travail des dirigeants au cours du processus de changement. Le présent chapitre décrit deux équipes qui peuvent faciliter et dynamiser le processus d'amélioration scolaire. Dans les écoles efficaces, le leadership n'appartient pas à une seule personne. Il est partagé, ce qui permet de multiplier ses effets positifs.

Le leadership est une question de direction. En effet, les leaders incitent les autres à agir positivement. Dans le prochain chapitre, nous élaborerons sur la phase 1 du processus de planification pour la réussite de l'école et des élèves, qui consiste à « régler le cap ». Comme elle consiste essentiellement à établir la direction, cette phase est un élément essentiel pour le leadership du processus.

# Chapitre 5

# Régler le cap

## (valeurs, vision, intention)

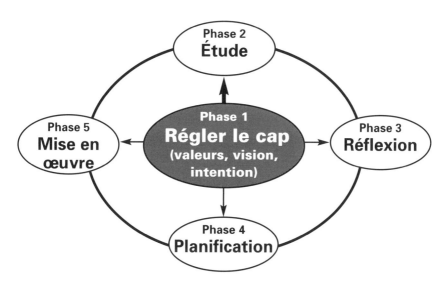

La première phase du processus de planification pour la réussite de l'école et des élèves consiste à articuler les valeurs, la vision et l'intention de l'établissement. Il s'agit du cœur du processus de planification. En effet, les valeurs, la vision et l'intention sont les pierres angulaires de la culture de l'école et sont essentielles pour générer l'optimisme dynamique qui caractérise les havres d'espoir.

## Les valeurs d'abord, puis la vision et l'intention

L'expérience et de nombreuses années de travail auprès d'établissements scolaires nous ont appris que les valeurs communes doivent être articulées avant qu'un énoncé de vision puisse être élaboré. Nous avons aussi appris que le terme « intention » peut être préférable au mot « mission » à l'échelle de l'école. L'énoncé de vision est une projection des valeurs dans la réalité. L'énoncé d'intention, quant à lui, identifie ce qui est priorisé. Comme les valeurs servent de base à la fois pour la vision et pour l'intention, nous les plaçons en tête du processus.

Cet ordre n'est cependant pas celui que l'on retrouve dans de nombreux ouvrages consacrés au sujet de l'excellence scolaire. En effet, on recommande habituellement de commencer par un énoncé de mission qui identifie la raison d'être de l'organisation. Vient ensuite l'énoncé de vision, qui décrit l'avenir de l'organisation tel qu'on le souhaite. L'énoncé de valeurs vient en dernier lieu : il décrit les comportements qui seront nécessaires pour que la vision puisse se réaliser.

Nous recommandons l'ordre contraire pour les écoles, puisque, selon nous, les comportements sont influencés par les valeurs, et non vice versa. Lorsque nous valorisons la bonté, nous agissons avec bonté. Lorsque nous valorisons la sécurité, nous prenons des précautions. Si les enseignants valorisent les parents en tant que partenaires, ils maintiendront une bonne communication avec eux, en toute ouverture et franchise.

L'expérience nous a appris que lorsque le personnel d'une école élabore un énoncé de valeurs de base, il se concentre sur les émotions. Le processus lui rappelle l'importance de leur travail et touche ses sentiments. En travaillant avec des pédagogues pour identifier leurs valeurs de base, nous leur demandons de réfléchir à ce qui compte vraiment dans leur travail. Lorsque les enseignants s'engagent à valoriser l'apprentissage et la réussite des élèves, ils trouveront des moyens d'améliorer ces deux aspects. Les valeurs de l'école sont des critères qui permettent de poser les bonnes questions et de rechercher des réponses qui contribueront à la culture de l'école et à la réussite de ses élèves. Un énoncé de vision décrit ce que serait l'école si ses valeurs étaient vécues au quotidien. L'énoncé d'intention vise à illustrer les émotions et l'engagement du personnel dans une phrase simple et pleine d'inspiration.

## Pourquoi une intention plutôt qu'une mission ?

La plupart des organisations passent beaucoup de temps à créer leur énoncé de mission. Cet énoncé vise à décrire la raison d'être de l'organisation. Selon notre expérience, tout le temps passé à peaufiner un énoncé de mission serait plus utilement employé pour clarifier l'intention de l'école ou de l'organisation.

Le Petit Robert définit le mot mission ainsi : « Charge donnée à quelqu'un [ou à un groupe de personnes] d'aller accomplir quelque chose, de faire quelque chose. Charge, commission, délégation (. . .) ». Si l'on considère que la mission englobe les valeurs et la vision de l'organisation, alors chaque membre du personnel devrait accepter la « commission » et ce faisant, serait responsabilisé. Cependant, l'expérience nous a appris que les enseignants, en tant que professionnels, préfèrent avoir un certain contrôle sur leur avenir et leurs activités. Pour cette raison, nous croyons que les écoles n'ont pas avantage à passer beaucoup de temps à développer un énoncé de mission. Nous recommandons qu'elles articulent plutôt un énoncé d'intention.

L'intention, encore une fois selon le Petit Robert, se définit ainsi : « Dessein ferme et prémédité. Décision, désir, volonté. » C'est aussi le « fait de se proposer un certain but » et « le but même qu'on se propose d'atteindre ». Lezotte et McKee (2002) affirment qu'il existe « un monde de différence entre le fait de rédiger un énoncé de mission et celui de *se considérer chargé d'une mission* » (p. 119). Selon nous, un énoncé d'intention reflète la mission dont ses créateurs se considèrent responsables. Nous croyons que le mot « intention » permet d'indiquer plus clairement le but du processus pour l'école. Il est très important que l'énoncé d'intention d'une école soit harmonisé avec les idéaux exprimés dans la mission de la direction régionale et les objectifs du gouvernement. En effet, en travaillant à remplir son intention, chaque école individuelle contribue à réaliser ces missions.

Si l'on s'attend à ce qu'un groupe de professionnels accepte une « commission », on cherche avant tout à assurer la conformité avec un énoncé de mission. À l'opposé, une école qui élabore un énoncé d'intention à partir des priorités de son personnel a des chances beaucoup plus grandes d'obtenir l'engagement de celui-ci. Après tout, on peut toujours légiférer et surveiller la conformité, mais l'engagement est beaucoup plus précieux : c'est un cadeau offert par des professionnels inspirés par leur travail. Un énoncé d'intention est formulé plus simplement; il est également plus représentatif de l'espoir et de la passion insufflés à la profession pédagogique par les individus qui l'ont rédigé.

Réaliser le changement dans le système scolaire est un travail ardu. Il exige du cœur et de l'engagement, et non seulement de la tête et de la conformité. On peut charger des individus d'un mandat de conformité; il n'en va pas de même pour le changement. C'est pourquoi les valeurs forment la base des efforts d'amélioration de l'école, suivis de la vision et de l'intention, tel qu'illustré dans la pyramide de cette page.

Habituellement, les membres du personnel pourront élaborer une série d'énoncés reflétant leurs valeurs et leur vision avant d'être prêts à articuler leur énoncé d'intention. Dans certaines des écoles les mieux alignées que nous avons connues, les enseignants individuels ont étendu ce processus à la création d'énoncés individuels de valeurs, de vision et d'intention, qu'ils ont ensuite affichés dans leur salle de classe pour les élèves et les visiteurs.

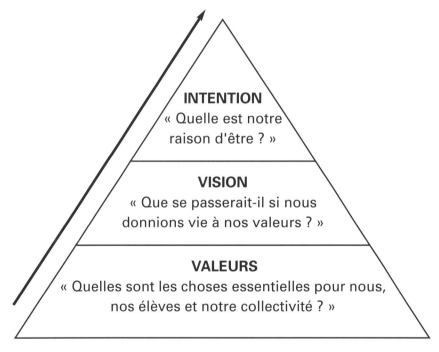

On retrouvera ci-dessous quelques exemples de questions de discussion qui pourront aider le personnel de l'école à rédiger des énoncés porteurs de sens, qui l'inspirera à s'engager dans le processus de planification pour la réussite de l'école et des élèves.

### Valeurs

Question : Qu'est-ce qui compte le plus pour nous, nos élèves et la communauté en général ?

Réponse : Pour nous, la réussite des élèves est ce qui compte.

### Vision

Question : À quoi ressemblerait notre école si cette valeur était vécue au quotidien ?

Réponse : Nous enseignerions à nos élèves de façon à les inspirer et nous créerions des stratégies pour offrir du soutien à tous les élèves afin qu'ils puissent atteindre la réussite.

### Intention

Question : Quelle est notre raison d'être ?

Réponse : Notre intention est de créer de l'espoir en assurant le succès scolaire de tous les élèves.

La phase 1 du processus de planification pour la réussite de l'école et des élèves, qui consiste à « régler le cap », ne nécessite que très peu de temps. Une journée de travail serait bien suffisante pour faire participer tout le personnel à la génération des idées de base. Le travail effectué au cours de cette journée peut ensuite être raffiné par le conseil de coordination, puis les énoncés résultants présentés au reste du personnel pour approbation. Souvent, le processus de planification peut déraper si de longues journées épuisantes sont perdues à élaborer un énoncé de mission qui en dit très peu sur ce qui est important ou significatif aux yeux du personnel.

## Résumé

Le travail d'élaboration d'un énoncé de **valeurs**, à lui seul, ne suffit pas à faire évoluer l'école vers son avenir. La discussion des valeurs de base aidera cependant le personnel de l'école à réfléchir sur ce qui compte véritablement. Cette réflexion permet de rédiger un énoncé de **vision** qui répond à la question « À quoi ressemblerait notre école si ces valeurs étaient vécues au quotidien ? » L'énoncé d'**intention** permet alors de donner vie aux sentiments et aux idées inhérents aux énoncés de valeurs et de vision. Il doit être suffisamment simple pour que chacun puisse s'en souvenir sans peine et suffisamment clair pour être compris instantanément et servir de guide.

Les écoles s'améliorent suite à des changements de comportement, et non seulement parce que le personnel a rédigé des énoncés de valeurs, de vision et d'intention. La valeur réelle du travail effectué à la phase 1, soit « régler le cap », est l'établissement d'une direction pour le processus d'amélioration scolaire dans son ensemble. Une fois que la direction est clairement établie, le personnel est prêt à évaluer son niveau de rendement courant.

En effet, l'école doit étudier ses performances dans les domaines que son personnel a identifiés comme étant importants.

Lorsque les valeurs, la vision et l'intention de l'école sont comprises par tous, on peut commencer à recueillir des données probantes de façon à permettre au personnel d'évaluer son rendement sous les aspects qu'il valorise le plus. La réflexion qui s'ensuit permet alors la création de communautés d'apprentissage professionnelles qui élaboreront et mettront en œuvre une planification visant à améliorer les résultats des élèves dans les domaines identifiés comme essentiels. Lorsque les pédagogues travaillent de cette façon, ils appliquent leurs énoncés de valeurs, de vision et d'intention pour mieux cibler les efforts d'amélioration de l'école.

# Chapitre 6

# L'étude

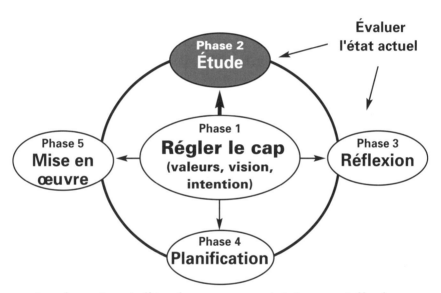

La phase 2, soit l'étude, est une activité essentielle du processus de planification pour la réussite de l'école et des élèves. Pour que le processus de planification puisse produire des améliorations réelles, la phase d'étude doit être abordée avec soin. On doit poser les bonnes questions, puis recueillir les données probantes qui permettront d'y répondre. Comme nous l'avons déjà mentionné, l'expression « donnée probantes » englobe un domaine ciblé de résultats permettant au personnel d'obtenir les renseignements à recueillir et à analyser. En effet, les données disponibles dans nos écoles sont d'une telle abondance qu'on pourrait passer des années à les manipuler sans jamais passer à l'action et sans accomplir quelque progrès que ce soit dans les domaines importants. Notre intention, en utilisant l'expression « données probantes » consiste à illustrer l'idée que les données recueillies doivent être uniquement celles qui comptent. Tant les données qualitatives que quantitatives sont utiles, du moment qu'elles fournissent des renseignements sur les aspects essentiels de l'apprentissage.

---

Mesurez ce qui compte !

Évitez la paralysie des statistiques !

---

Lezotte et McKee (2002) affirment que les écoles doivent être « explicites et déterminées dans ce qu'elles comptent mesurer et surveiller » afin d'honorer leurs valeurs et d'atteindre leurs objectifs (p. 145). Marzano (2003) écrit que la cueillette de données probantes équivaut à « prendre le pouls » de l'école (p. 160). Le changement est un processus lent et souvent chaotique qui se produit différemment selon le contexte. Il est essentiel que les données probantes soient employées pour guider les actions de l'école, ainsi que pour mesurer l'impact de ces actions.

## Données probantes

Les données probantes incluent bien évidemment les résultats d'examens, mais englobent aussi toutes sortes d'autres informations. Les données quantitatives comme les données qualitatives sont importantes. En fait, tous les renseignements qui peuvent informer le personnel sur l'efficacité de l'école à enseigner à ses élèves peuvent être des données probantes. Ces données peuvent provenir des élèves, des parents, du personnel ou de la collectivité. Les résultats d'examen et autres méthodes d'évaluation scolaire forment seulement une partie de ces données. On jugera tout aussi importants les renseignements sur le rendement en classe, l'assiduité, le comportement et l'attitude, ainsi que toute autre observation qui sera jugée utile par le personnel de l'école dans sa recherche. Nous insistons sur le fait de *mesurer ce qui compte*, ce qui signifie que le facteur crucial de l'analyse n'est pas la méthode d'évaluation utilisée, mais bien son interprète. Dans les écoles qui visent à devenir des havres d'espoir, où les membres du personnel sont responsabilisés et engagés dans la cueillette de données probantes, tous les renseignements utiles sont pris en compte.

Il va sans dire que tous ne seront pas nécessairement enthousiastes quant à cette cueillette de données. L'expérience du personnel et l'approche « réussite ou échec » qui prévaut dans les écoles peuvent occasionner de la résistance. Certains préféreront même éviter les preuves du résultat de leur travail auprès des élèves. L'emploi des méthodes d'évaluation régionales, provinciales ou de l'état, lorsqu'on y ajoute une notion de responsabilité accrue, peut provoquer des réactions de défense ou de dédain de la part des enseignants. Ils pourront également résister à l'idée d'un travail d'optimisation et de réflexion basé sur des méthodes d'évaluation à l'échelle de l'école.

Se sentant menacés par l'éventualité de ce que les données probantes pourraient révéler, certains pédagogues seront tentés de les utiliser pour justifier le rendement des élèves et de l'école. D'autres nieront la valeur des données parce qu'ils ne savent pas comment les analyser et les interpréter. D'autres encore verront l'emploi de données probantes comme une nouvelle façon de penser qui les met mal à l'aise et qu'ils préfèrent éviter. Certains se méfieront, croyant que ces renseignements serviront à évaluer ou à juger leur travail individuel. Bref, de nombreux enseignants trouveront des raisons de ne pas employer les données probantes pour guider leur travail auprès des élèves. Malheureusement, ces enseignants ratent l'occasion d'utiliser une précieuse source d'information qui peut avoir un impact significatif sur le rendement de leurs élèves, ainsi que sur leur propre pratique professionnelle.

Stephen Covey (1989) explique ainsi la différence entre les attitudes réactives et proactives des individus au monde qui les entoure : les personnes ou organisations réactives tendent à se décharger de leurs responsabilités en blâmant les autres. Dans le contexte pédagogique, il est facile de blâmer les administrateurs et autres responsables de l'application de politiques ou de normes. À l'opposé, les personnes ou organisations proactives ne s'attardent pas sur ce qu'elles ne peuvent pas changer. Elles se concentrent plutôt sur les aspects qu'elles peuvent changer ou contrôler. Elles adoptent une attitude d'espoir et avancent avec optimisme. Nous croyons que le processus de planification pour la réussite offre aux pédagogues une excellente occasion d'agir de façon proactive dans leur travail auprès des élèves. Lorsque les enseignants réalisent que les données probantes sont un outil qui les aidera dans leur travail et qui leur permettra de mesurer leurs progrès sur une période de plusieurs années, le travail d'amélioration de l'école peut véritablement débuter.

La collecte et l'étude de données probantes des différentes sources offertes aux pédagogues sont des tâches complexes. Les écoles ne progresseront pas toutes au même rythme, mais toutes les écoles peuvent s'améliorer. En outre, nous croyons que les élèves qui se présentent chaque jour dans nos classes sont les meilleurs enfants qui soient, et que notre responsabilité consiste à les aider à apprendre dans une culture d'espoir. Lorsque l'école se concentre sur l'amélioration, elle doit recueillir les renseignements qui lui permettront de dresser un portrait de son rendement. Une fois recueillies, ces données probantes peuvent être employées de façon proactive pour planifier l'amélioration des résultats scolaires des élèves. Une telle approche proactive fait toute la différence entre les écoles qui « planifient pour planifier » et celles qui planifient en vue d'une amélioration.

## Les examens normalisés

Au fil des ans, il y a eu tant de désaccord à propos des examens normalisés des provinces et des États que, à notre avis, une réalité fondamentale a été mise de côté : les programmes d'études et les directives issus du gouvernement sont le résultat d'un travail de collaboration approfondi en vue de déterminer les connaissances et compétences que les élèves doivent posséder à leur sortie de l'école. Selon Lezotte et McKee (2002), « les normes de l'État sont les normes 'plancher' ou minimales que les écoles doivent adopter » (p. 133). Le même principe s'applique aux normes provinciales du Canada. Par ailleurs, une fois les normes de la province ou de l'État bien comprises, la direction régionale est libre de collaborer avec tous les intéressés pour y ajouter les critères qu'ils jugent manquants. Au bout du compte, cependant, les normes gouvernementales ne peuvent tout simplement pas être ignorées ou éliminées. Et elles ne le devraient pas. Elles sont élaborées par des pédagogues et basées sur la recherche en cours sur les compétences et attitudes dont les élèves auront besoin pour leur avenir.

DuFour et Eaker (1998) soulignent que les directives régionales, provinciales ou de l'État quant au programme d'études « peuvent être d'excellentes ressources pour une analyse du programme [d'études] » et que « si les enseignants prennent le temps de les analyser, il est probable qu'ils seront d'accord avec la majorité de leur contenu » (p. 154).

Nous ne suggérons aucunement que les pédagogues doivent rester passifs dans l'utilisation des examens normalisés, ni qu'ils doivent éviter de critiquer les éléments ou pratiques d'évaluation injustes ou illogiques. Schmoker (2000) cite Fullan en écrivant : « Faites face au danger ! » (p. 64). Sa mise en garde s'applique expressément aux examens normalisés obligatoires et aux systèmes de responsabilité. Il nous avise de ne pas négliger le fait que ces examens et systèmes de responsabilité, malgré tous leurs défauts, définissent le contexte dans lequel l'amélioration doit s'inscrire. Schmoker souligne l'importance d'apprendre à utiliser l'information fournie par ces examens et systèmes de responsabilité et de préparer les élèves à passer ces examens, afin qu'ils puissent démontrer leurs connaissances et avoir de bonnes chances de réussite.

Il faut garder à l'esprit que les examens gouvernementaux ne sont qu'une source comme une autre de données probantes sur le rendement des élèves. Bien qu'ils puissent fournir des pistes utiles pour l'enseignement et les efforts d'amélioration de l'école, il existe de nombreux autres moyens d'évaluation tout aussi utiles pour dresser un portrait exhaustif du rendement des élèves et de leurs besoins éducatifs. Le fait que les examens normalisés ne sont administrés qu'à certains niveaux scolaires pose un problème pour les enseignants des autres années, qui voudront obtenir d'autres renseignements sur les progrès de leurs élèves ou sur les aspects qui ont davantage besoin d'attention. Schmoker (2001) propose que la solution à ce dilemme consiste à élaborer des méthodes d'évaluation locales qui ciblent « les apprentissages essentiels » identifiés par les enseignants, par une cartographie horizontale et verticale du programme d'études. Ces méthodes d'évaluation élaborées localement sont une riche source de données, qui peut aussi servir à établir les objectifs pédagogiques et à évaluer les résultats de l'enseignement. Un des avantages de telles méthodes d'évaluation est qu'elles exigent, de la part des enseignants, une compréhension approfondie du programme d'études, ainsi qu'une réflexion sur les résultats souhaités.

---

Si tout est important, alors rien n'est important.

—Grant Wiggins (1998, p. 179)

---

## La mesure d'une école efficace (rendement, assiduité, comportement et attitude)

Les chercheurs qui étudient les écoles efficaces indiquent que le rendement, le comportement, l'assiduité et l'attitude des élèves sont les indicateurs les plus probants dans ce domaine. Ces quatre indicateurs sont profondément interreliés. L'assiduité influe sur le rendement. Les attitudes négatives engendrent un mauvais comportement, et les élèves qui ont un mauvais comportement sont souvent expulsés de la classe ou suspendus de l'école. Lorsque l'assiduité est problématique, le rendement baisse.

Lequel de ces indicateurs est le plus important ? Certains diraient que c'est l'attitude. Nous sommes d'accord que l'attitude est très importante, mais comment les élèves peuvent-ils

---

### Quatre indicateurs de réussite

- Rendement
- Assiduité
- Attitudes
- Comportement

---

maintenir une attitude positive s'ils échouent dans leur apprentissage ? Les élèves qui éprouvent des difficultés pédagogiques sont presque toujours ceux qui sont absents le plus souvent, qui sont les plus difficiles à gérer et qui ont l'attitude la plus négative face à l'école. La plupart des enfants commencent leur carrière scolaire avec de grands espoirs pour l'avenir. Malheureusement, dès la troisième année, nombre d'entre eux commencent à accuser un retard d'apprentissage marqué. Lorsqu'un élève éprouve des difficultés, son image de soi en tant qu'apprenant est sérieusement entamée et lance le cercle vicieux des problèmes d'assiduité, de comportement et d'attitude. Le rendement est la clé du maintien des enfants à l'école, car il leur permet d'avoir une bonne image d'eux-mêmes en tant qu'apprenants et, en retour, d'avoir un comportement qui leur permet de maintenir un bon niveau de réussite.

La théorie des écoles efficaces, dont la mission est « l'apprentissage pour tous, par tous les moyens », suggère que la réussite des élèves est illustrée par une variété de ce que Lezotte et McKee (2002) appellent des « mesures de rendement ». De telles mesures peuvent inclure les examens de l'État ou de la province, des évaluations de fin de cours, des méthodes d'évaluation en classe et de nombreux autres indicateurs de rendement. Lezotte et McKee

soutiennent qu'« une école ou un district ne peut être jugé efficace (…) que s'il peut démontrer le rendement élevé de ses élèves
dans les aspects essentiels du programme d'études, tel qu'indiqué
dans les mesures de rendement, et sans écarts marqués entre les
différents groupes d'élèves » (p. 22). Les groupes d'élèves mentionnés par ces auteurs sont ceux de sexe, de race, d'ethnicité et
de statut socioéconomique. Les écoles efficaces prennent les
moyens nécessaires pour éliminer les écarts de rendement qui
apparaissent d'un groupe d'élève à un autre. Leurs points de mire
sont l'équité et l'apprentissage pour tous.

## Les données probantes : mesurer ce qui compte

Les membres du personnel scolaire peuvent recueillir des
données probantes de diverses façons. Les questions à se poser
sont les suivantes : « Est-ce que ces données nous donnent des
renseignements sur ce que nous valorisons ? » et « Mesurons-
nous ce qui compte ? ». Notre expérience et nos discussions dans
de nombreuses écoles partout en Amérique du Nord sur l'utilisation des données probantes nous ont permis de tirer certaines
conclusions quant aux points communs qui permettent un
impact maximal sur le succès de l'école et des élèves :

- Les données probantes servent de base au processus de
  planification. Elles permettent aussi d'obtenir des renseignements utiles à l'enseignement en cours d'année et
  à la fin des cours (évaluation *pour* et *de* l'apprentissage).

- Les données probantes recueillies au cours d'une année
  scolaire servent de base pour le processus de planification pour l'année qui suit.

- Les données probantes sont sans valeur avant d'être
  interprétées. Elles deviennent alors des renseignements

utiles à la planification. La planification est ainsi informée par les valeurs du personnel.

- La dimension humaine d'une école ne peut pas être définie par des nombres; on doit donc recueillir des données qualitatives aussi bien que quantitatives.

- Les nombres et les chiffres (données quantitatives) sont des indicateurs essentiels de la dimension statique de l'école. La rétroaction des individus basée sur leur expérience et leur point de vue (données qualitatives) permet de percevoir la dimension humaine et dynamique de l'établissement.

- Le processus de cueillette et d'analyse des données probantes est tout aussi important que la planification et la mise en œuvre.

- Tous ceux qui seront affectés par la cueillette et l'utilisation des données probantes doivent participer au processus et à l'atteinte des résultats visés.

## Un cycle d'amélioration continue

Au cours du processus de planification pour la réussite de l'école et des élèves, les membres du personnel commencent par identifier leurs valeurs communes. Le processus continue par la cueillette de données probantes pour l'évaluation de leur rendement sur les aspects qui comptent le plus (leurs valeurs communes). Par l'interprétation des données et la réflexion, le personnel identifie les aspects à améliorer. Ensuite, les membres du personnel travaillent en communautés d'apprentissage professionnelles afin d'établir des objectifs et de choisir des stratégies à rendement élevé pour les atteindre. Au fur et à mesure que ces stratégies sont mises en œuvre, le processus est

---

### Données probantes et planification

- L'école établit des objectifs suivant ses valeurs.

- Des structures et des processus sont mis en œuvre pour soutenir les efforts du personnel en vue d'atteindre leurs objectifs.

- La cueillette et l'analyse de données probantes permettent à l'école de déterminer si elle parvient à honorer ses valeurs.

- Les données probantes sont employées pour une évaluation continue des progrès effectués dans l'amélioration du rendement des élèves.

---

évalué par la cueillette régulière de nouvelles données probantes. Ces nouvelles données confirment la valeur du travail en cours ou permettent de voir ce qui a besoin d'être ajusté.

Chacune des trois écoles décrites dans cet ouvrage est unique. Sacred Heart est une petite école en milieu urbain, qui dessert une grande population amérindienne dans les Prairies, en Saskatchewan. Lawrence Heights est une école intermédiaire qui accueille des élèves en milieu urbain, à Toronto, alors que l'école secondaire Monticello est située en milieu rural, en Virginie, et dessert une population diversifiée d'adolescents. Bien que ces trois établissements soient différents sous de nombreux aspects, le travail de chacune d'entre elles a permis une amélioration du rendement, de l'assiduité, du comportement et de l'attitude de ses élèves. Le personnel de chacune de ces écoles a commencé sa planification à partir des valeurs, puis a étudié son rendement en recueillant des données probantes, qui servirent ensuite de base à l'établissement d'objectifs et à l'action.

Prenons pour exemple l'école secondaire Monticello. Dès le début, ses enseignants s'engagèrent envers deux valeurs omniprésentes, qu'ils exprimèrent dans les énoncés suivants : « Les enfants d'abord » et « Pour enseigner, il faut rejoindre ». Ils annoncèrent publiquement leur engagement à atteindre les normes de l'État en quatre ans. En 1998–1999, les enseignants passaient en revue les résultats d'examen en mathématiques de 233 élèves de neuvième année et constataient que leur percentile moyen était de 48. Ils récoltèrent également des données de façon à pouvoir les analyser selon le sexe et la race des étudiants. En se fixant des objectifs spécifiques et en modifiant leurs méthodes, ils accomplirent des progrès remarquables. En trois ans, le rendement global des élèves de neuvième année avait augmenté de 15 % et le rendement des élèves afro-américains de 20 %. Pour ce faire, ils ont commencé par étudier les données disponibles sur la situation en cours, puis les ont employées pour établir des objectifs précis et construire de nouvelles structures afin d'améliorer le rendement des élèves. Ils ont réussi à éliminer les écarts de rendement entre les sexes et les races en recueillant des données probantes et en appliquant des stratégies à rendement élevé dans leur travail auprès des élèves. Tous leurs efforts étaient déployés en fonction des valeurs qu'ils avaient exprimées.

## Résumé

L'étude de la situation en cours est cruciale pour le processus de planification. En se basant sur un ensemble de valeurs fondamentales, l'école peut ajuster ses méthodes de cueillette de données pour répondre aux besoins de ses élèves. « Mesurer ce qui compte » consiste à définir les aspects importants du

travail en identifiant d'abord les valeurs communes du personnel, puis à créer ou à choisir des méthodes d'évaluation qui
fourniront les données probantes utiles à la planification de
l'amélioration. La réflexion du personnel sur les données
recueillies lui servira de base pour ses actions subséquentes sur
le parcours vers sa transformation en havre d'espoir.

# *Chapitre 7*

# La réflexion

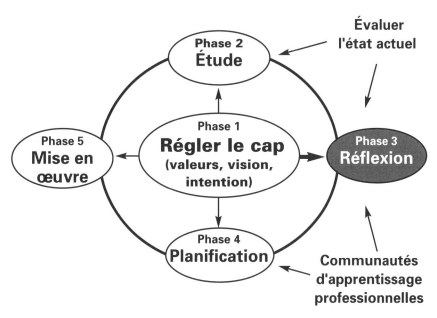

La phase 3, soit la période de réflexion, est cruciale au processus de planification pour la réussite de l'école et des élèves. C'est l'occasion pour tous les intéressés de soupeser les données recueillies et analysées au cours de la phase d'étude. Si la phase d'étude a été productive, la phase de réflexion n'exigera pas beaucoup de temps.

Comme toujours, l'activité clé est ici la collaboration. Il est crucial que le personnel de l'école en entier passe en revue les données probantes afin de se doter d'une vue d'ensemble sur l'état actuel du rendement de l'établissement. Par exemple, le suivi du rendement en alphabétisation et en mathématiques d'année en année peut révéler des ornières évidentes, où les élèves rencontrent régulièrement des difficultés. Un point de vue commun et la collaboration entre les enseignants des différentes années sont utiles pour relever les problèmes, comprendre les élèves et planifier l'enseignement afin de répondre à leurs besoins et favoriser leurs progrès. Ce processus offre au personnel l'occasion d'acquérir une « vue d'ensemble » des liens entre tous les départements et niveaux de l'école.

La phase de réflexion est optimisée lorsque les données probantes peuvent être décomposées de façon significative. La décomposition consiste à analyser les données en sous-ensembles distincts. Par exemple, on pourra décomposer les données d'assiduité par sexe. Ou encore, on pourra faire un lien entre les niveaux d'assiduité et les résultats d'apprentissage. Il ne faut surtout pas submerger le personnel de données inutiles, mais bien lui fournir des données véritablement probantes et lui donner l'occasion de les étudier, afin qu'il puisse gagner une meilleure compréhension des modèles de rendement des élèves et des effets des méthodes d'enseignement. La décomposition des données est utile pour cette étude.

## La décomposition des données

Considérons les quatre niveaux de données probantes ci-dessous provenant d'une école primaire comptant des élèves de la première à la sixième année, et les observations relevées pour chacun de ces niveaux.

### Niveau 1 : Résultats globaux de l'école en lecture

Dans l'examen de lecture du district administré à tous les niveaux scolaires au cours du mois de mai, le rendement moyen de l'école était de 58 %.

**Observation** : Cette information est très générale et n'est aucunement utile pour la planification par niveau scolaire ou pour les élèves individuels. Elle pourra cependant servir de base à une discussion pour le personnel, à savoir si un rendement global au 58e percentile est adéquat pour l'établissement.

### Niveau 2 : Résultats globaux de l'école décomposés par sexe

Dans l'examen de lecture du district administré au cours du mois de mai, le rendement moyen des filles de l'école était de 66 % et celui des garçons, de 50 %.

**Observation** :  Ces chiffres révèlent un écart significatif entre le niveau de rendement moyen des garçons et celui des filles. Ce renseignement est précieux.

### Niveau 3 : Décomposition des résultats par année scolaire

Les résultats ci-dessous sont notés par niveau percentile moyen.

| Année | 1 | 2 | 3 | 4 | 5 | 6 |
|---|---|---|---|---|---|---|
| Résultat | 63% | 64% | 59% | 56% | 51% | 49% |

**Observation** : Cette information indique qu'en général, les élèves commencent à éprouver des difficultés à partir de la troisième année. Ces données probantes pourront encourager le personnel à rechercher les causes de ce problème et à appliquer les moyens d'intervention appropriés.

### Niveau 4 : Décomposition des résultats par année scolaire et par sexe

Les résultats ci-dessous sont notés par niveau percentile moyen.

| Niveau scolaire | 1 | 2 | 3 | 4 | 5 | 6 |
|---|---|---|---|---|---|---|
| Moyenne du niveau scolaire | 63% | 64% | 59% | 56% | 51% | 49% |
| Garçons | 63% | 63% | 57% | 52% | 42% | 44% |
| Filles | 63% | 65% | 61% | 60% | 60% | 54% |

**Observation** : Les données probantes ci-dessus soutiennent les conclusions du niveau 2. Les garçons éprouvent davantage de difficultés que les filles en lecture et la troisième année semble être le moment où cet écart de rendement commence à être significatif.

En observant les données probantes, il ne faut pas oublier que les résultats obtenus sont le fruit du travail du personnel dans son ensemble, avant et pendant le niveau scolaire observé. Par exemple, les résultats des élèves de sixième année ne sont pas seulement la responsabilité des enseignants de sixième, mais concernent également tout le personnel à partir de la première année. Ces renseignements sont aussi utiles pour les enseignants qui accueilleront ces élèves en septième année ou au premier secondaire.

La décomposition des données permet au personnel de mener une réflexion sur les données probantes et vise la planification et le suivi à court terme, aussi bien qu'à long terme. Cette stratégie de repérage de problème est extrêmement utile, puisque tout processus de résolution de problème efficace doit commencer par une description du problème en question.

Lorsque le personnel s'engage dans une comparaison entre ses valeurs et les données probantes étudiées, les écarts significatifs se révèlent d'eux-mêmes. Le personnel doit alors se demander pourquoi ces écarts existent et ce qu'il peut faire pour les éliminer. Il est essentiel que tous les membres du personnel aient cette « vue d'ensemble » du rendement actuel de l'école; cependant, le pouvoir des données probantes n'est actualisé que lorsque le personnel commence à faire le lien entre les données à l'étude et son propre travail auprès des élèves. C'est à cette étape du processus de planification que nous recommandons la formation d'équipes d'apprentissage, qui auront pour rôle d'étudier les problèmes plus en profondeur et de collaborer pour en trouver les solutions.

## Une réflexion en collaboration : les communautés d'apprentissage professionnelles

---

« La meilleure stratégie dont nous disposons pour une amélioration continue et durable des écoles consiste à former le personnel scolaire afin qu'il puisse fonctionner en tant que communauté d'apprentissage professionnelle. »

—DuFour et Eaker (1998, p. 129).

---

Les organisations d'aujourd'hui en sont venues à comprendre que la collaboration et l'apprentissage continu sont les clés du succès. Peter Senge (1990) a eu un effet marquant sur la science organisationnelle quand il a écrit : « L'entreprise de l'avenir, celle qui sera couronnée de succès, sera une organisation intégrant l'apprentissage » (p. 4). Peter Drucker (1992) renchérit ainsi : « Chaque entreprise doit devenir un lieu d'apprentissage [et] un lieu d'enseignement. Au vingt-et-unième siècle, les organisations qui intègrent la formation continue à l'emploi seront en tête du peloton » (p. 108). Robert Marzano (2003) a conclu que parmi les cinq facteurs scolaires affectant la réussite académique des enfants, on retrouvait « la collégialité et le professionnalisme des membres du personnel ». L'énoncé suivant de Newmann et Wehlage (1995) est sans doute le plus éloquent quant à l'importance des communautés d'apprentissage professionnelles dans les écoles : « Les écoles qui souhaitent augmenter la capacité de leur organisation à encourager l'apprentissage des élèves doivent travailler à bâtir une communauté professionnelle caractérisée par un but commun, un travail en collaboration et le partage de la responsabilité entre les membres du personnel » (p. 37). Il est donc clair que pour réaliser et maintenir un projet d'amélioration, tous les membres de l'organisation doivent participer à l'activité clé : la collaboration.

## La structure de la communauté d'apprentissage professionnelle

Tel qu'indiqué au chapitre 2, nous considérons que le personnel du district ou de la commission scolaire est une grande communauté d'apprentissage professionnelle (CAP), dans laquelle de plus petits groupes fonctionnent également en tant que CAP, avec des domaines de travail différents. Ainsi, chaque membre du personnel d'un district ou d'une commission fait partie de trois configurations distinctes de la CAP : de petites équipes, la CAP de l'école dans son ensemble, puis la CAP du district ou de la commission scolaire. Chacune de ces CAP travaille en collaboration de différentes façons, mais vers le même

---

**Caractéristiques des CAP efficaces**

(Adapté de DuFour et Eaker, 1998)

- Esprit de collaboration

- Approche axée sur l'apprentissage

- Approche axée sur les résultats

- Orientation vers l'action

- Recherche collective

- Information pertinente fournie au moment opportun

- Engagement envers l'amélioration continue

---

but, soit la réussite de tous les élèves. Nous croyons que notre perception du fonctionnement des communautés d'apprentissage professionnelles, telle que décrite dans ce chapitre, concorde avec les caractéristiques des CAP efficaces identifiées par DuFour et Eaker (1998) et reproduites sur cette page.

Les communautés d'apprentissage professionnelles sont composées de groupes d'enseignants collaborant pour établir des objectifs, puis planifier et mettre en œuvre les structures et processus qui permettront d'améliorer le rendement des élèves individuels et de l'école dans son ensemble. Les membres de la CAP partagent un objectif commun et, en travaillant de concert, peuvent offrir une structure d'apprentissage plus souple.

Nous croyons qu'une communauté d'apprentissage professionnelle peut se présenter sous diverses incarnations, composées notamment :

- d'enseignants du même niveau scolaire;
- de groupes d'enseignants multidisciplinaires qui partagent le même groupe d'élèves;
- d'enseignants qui partagent des objectifs de formation professionnelle communs;
- d'enseignants qui enseignent la même matière;
- d'enseignants collaborant à l'atteinte d'un objectif commun pour l'ensemble de l'école.

Grâce à la réflexion sur les données probantes effectuée à la phase 2, les membres du personnel peuvent collaborer pour identifier les aspects de l'apprentissage qui ont besoin d'amélioration. Trois questions sont pertinentes pour guider cette réflexion :

1. Qu'est-ce que les données probantes révèlent sur les aspects à améliorer ?
2. Lequel de ces aspects, une fois amélioré, aura-t-il le plus grand impact sur l'apprentissage ?
3. Pour chacun des aspects identifiés, que souhaitons-nous améliorer exactement ?

La réflexion sur ces questions permet de clarifier le message des données probantes et de partager des idées, ainsi que de jeter les bases nécessaires pour établir les objectifs qui guideront le processus de planification. Les objectifs seront axés sur les aspects de la culture de l'école qui ont les meilleures chances d'avoir un impact positif sur les élèves et leur apprentissage.

## La force des communautés d'apprentissage professionnelles

Pour répondre au défi de « l'apprentissage pour tous, par tous les moyens », le personnel de l'école doit adopter de nouvelles façons de travailler qui changent les habitudes ancrées et, par conséquent, la culture de l'établissement. Par la collaboration et la réflexion au sein de communautés d'apprentissage professionnelles, les pédagogues acquerront une meilleure compréhension de l'enseignement et de nouvelles façons d'aborder le processus

| La CAP et la transformation de la culture scolaire | |
|---|---|
| **De :** | **À :** |
| Enseignement | Apprentissage |
| Isolement des enseignants | Collaboration |
| Approche « réussite ou échec » | Élimination de l'échec |
| Conformité | Engagement |
| Surcharge de contenu | Programme garanti |
| Objectifs généraux | Objectifs précis |
| Évaluation statique | Évaluation dynamique |
| Normes de passage strictement définies | Structures souples |
| Planification pour planifier | Planification pour améliorer |
| Temps et personnel fixes | Apprentissage fixe |
| Apprentissage pour la plupart | Apprentissage pour tous |

d'apprentissage. Les vieux paradigmes de l'éducation seront ébranlés, de nouveaux paradigmes seront créés et la culture de l'école changera. Nous avons illustré ce changement dans le schéma ci-dessus. Ces modifications peuvent être significatives et provoquer certaines tensions parmi les membres du personnel. Un environnement basé sur la collaboration et le travail d'équipe permettra aux membres du personnel de se soutenir et de s'encourager les uns les autres pendant la transition.

## Le rôle des CAP dans la transformation de la culture scolaire

**De l'enseignement à l'apprentissage.** La culture scolaire traditionnelle se concentrait sur l'enseignement. Aujourd'hui, c'est l'apprentissage qui est au premier plan. Les enseignants d'aujourd'hui, plutôt que de se demander s'ils ont bien couvert toute la matière, doivent se demander : « Les élèves ont-ils appris l'essentiel ? » La réponse à cette question fournira aux enseignants l'information nécessaire à la planification. Il faut dire que les enseignants sont eux-mêmes des apprenants dans ce processus. Anciennement, on supervisait les enseignants pour s'assurer qu'ils enseignaient correctement. Aujourd'hui, la supervision porte plutôt sur la responsabilité de l'amélioration des résultats; les enseignants reçoivent de l'encadrement et du soutien afin de créer les conditions nécessaires pour améliorer le niveau de réussite des élèves.

**De l'isolement à la collaboration.** Les écoles qui continuent de fonctionner selon les anciens paradigmes perpétuent le modèle industriel des années 1940 et 1950. Dans ce modèle, les enseignants travaillent dans l'isolement et chacun prend des décisions indépendantes sur les méthodes d'enseignement, d'évaluation et de notation. Les écoles sont organisées en fonction de la taille des classes et du niveau scolaire, et les niveaux scolaires en fonction de l'âge des élèves. L'enseignant et sa classe composent un univers fermé.

À l'opposé, les écoles qui adoptent le concept de la collaboration et du leadership partagé s'entendent pour dire que lorsque les enseignants travaillent ensemble, l'apprentissage s'améliore. Schmoker (2001) nous dit que « la collaboration dans son sens le plus pur est une discipline, c'est-à-dire un ensemble fragile de pratiques et d'attitudes qui exige constamment des soins et de l'attention » (p. 11). Il explique en outre que le leadership est la clé du développement des communautés d'apprentissage professionnelles, qui forment ensuite la base d'une culture scolaire axée sur la collaboration :

> Sans un échéancier bien défini ou un engagement explicite envers des résultats, la collaboration dégénère en une alternative parmi d'autre ou pis, de simples paroles. Une interaction professionnelle ciblée est une activité qui va contre nature. Le potentiel de dérive et de retard est omniprésent. Pour forcer le dynamisme et la participation, le dirigeant doit mettre le travail d'équipe à l'horaire, en faire le suivi et s'assurer qu'il vise un résultat précis et mesurable. (p. 11)

Ainsi, notre activité clé, soit la collaboration, favorise notre concept clé, soit l'espoir concret.

**De l'approche « réussite ou échec » à l'élimination de l'échec.** Les écoles qui fonctionnent encore selon les anciens paradigmes croient que leur rôle consiste à trier les élèves et à les diriger vers les différents programmes d'études en fonction de leurs capacités, telles qu'évaluées les enseignants. Lorsque les écoles sont organisées en fonction de la taille des classes et du niveau scolaire, et les élèves en fonction de leur âge, les élèves obtiennent une note de passage ou d'échec pour chacun des niveaux selon leur travail de l'année. Dans ce type de structure, l'apprenant individuel se perd et les écarts de rendement s'accentuent d'une année à l'autre. Lorsque la classe de l'enseignant compte des élèves dont les capacités couvrent plusieurs années scolaires, la fourchette des besoins d'apprentissage rend la tâche d'enseignement si complexe qu'il en résulte souvent beaucoup de découragement, tant pour les enseignants que pour les élèves.

Pour répondre aux besoins de leurs élèves, les enseignants doivent être capables d'identifier et de comprendre les différents styles d'apprentissage et l'effet des émotions sur la capacité d'apprendre. Daniel Goleman (1995) explique que le développement de l'intelligence émotionnelle est gravement affecté par la pauvreté, l'instabilité familiale et l'échec scolaire. L'école ne peut rien changer au statut familial ou socioéconomique de ses élèves; par contre, elle est en mesure de contrôler les conditions de l'apprentissage lorsque les enfants sont à l'école. Les élèves qui ne cadrent pas dans le moule « un niveau par année » ont besoin d'un environnement qui permette des progrès continus pour répondre à leurs besoins en temps d'apprentissage supplémentaire, et d'un enseignement différencié et suppléé afin d'atteindre les objectifs essentiels. Un système « réussite ou échec » ne peut que décourager et exclure de tels apprenants. Les écoles efficaces fournissent la structure et le soutien nécessaires pour améliorer les résultats d'apprentissage de tous les élèves et éliminer les écarts de rendement significatifs.

**De la conformité à l'engagement**. Voici un autre archaïsme provenant du modèle pédagogique industriel : la conviction que les résultats peuvent être améliorés par l'établissement de règles, de directives et de structures de surveillance couvrant toutes les situations possibles et imaginables de l'environnement scolaire. Ce type d'approche est préconisé car on croit, à tort, que l'équité exige que chacun doit se comporter et être traité de la même manière. Des politiques et manuels de procédures détaillés sont alors rédigés pour communiquer les règles et structures jugées nécessaires pour le fonctionnement efficace de l'école. On sait maintenant que ces manuels et les règles qu'elles contiennent sont symptomatiques d'un manque de confiance et suivent des exigences de conformité. En fait, la conformité absolue aux règles produit une culture qui étouffe la créativité et la passion. Les membres d'organisations obsédées par le règlement sont souvent cyniques et auront tendance à fournir un travail de qualité minimale. En effet, ils se demandent pourquoi ils devraient en faire plus que le nécessaire, puisque leurs efforts ne seront ni reconnus, ni récompensés.

L'engagement est un cadeau que l'école fait à ses employés. Les membres du personnel fixent leur niveau d'engagement selon l'opinion qu'ils ont de leur travail. Dans une culture qui inspire l'engagement en valorisant l'apprentissage et l'innovation, les individus sont enclins à prendre les risques nécessaires pour développer de nouvelles compétences, approfondir leur compréhension et atteindre de nouveaux sommets professionnels.

Ceux qui travaillent dans une culture qui exige la conformité voient l'enseignement comme un travail. Pour ceux qui travaillent au sein d'une culture qui inspire l'engagement, l'enseignement est une vocation. Les champions de l'éducation sont ceux qui s'engagent envers l'école, l'apprentissage et les élèves. Ils en font davantage, parce qu'ils savent qu'ils peuvent changer le monde et acceptent le fait que l'amélioration de l'école est un dur labeur.

**De la surcharge de contenu à un programme garanti.** De nos jours, les enseignants font face à des programmes d'études extrêmement exigeants. Ils doivent jongler avec les exigences quasi impossibles du programme, les limites de leur horaire et les capacités très inégales de leurs pupilles. Pour réussir à surnager dans ces conditions difficiles, les enseignants doivent pouvoir identifier les objectifs de base du programme d'études, soit les objectifs « essentiels ». Concurremment, ils doivent étudier les méthodes pédagogiques disponibles pour s'assurer que leurs stratégies d'enseignement sont des plus efficaces.

En travaillant en équipes, les enseignants peuvent collaborer à la révision du programme d'études afin de mettre au point des séquences de développement de compétences, c'est-à-dire des continuum, qui établissent les objectifs essentiels pour *tous* les élèves, dans toutes les matières. Ils peuvent également établir les objectifs que *la plupart* des élèves devront atteindre, puis ceux qui conviennent aux élèves qui *dépassent continuellement les attentes*. En établissant une cartographie du programme d'études à la fois verticalement (d'un niveau à l'autre) et horizontalement (d'une matière à l'autre), on peut définir un « programme garanti » et planifier l'enseignement pour répondre aux différences de capacité des élèves. Ce travail exige d'établir de nouvelles priorités pour l'horaire des enseignants et une nouvelle approche du développement professionnel. Le concept du programme d'études harmonisé sera approfondi au chapitre 9.

**Des objectifs généraux aux objectifs précis**. Dans nombre de districts et commissions scolaires, la direction régionale identifie les objectifs qui s'appliqueront à toutes les écoles. Il s'agit habituellement d'objectifs nobles, mais rédigés en termes très généraux. Malheureusement, ces objectifs n'ont souvent pas de sens réel pour les enseignants, qui n'on pas participé à leur élaboration. DuFour et Eaker (1998) font remarquer : « Les enseignants reconnaissent l'injustice inhérente à un système qui leur demande d'être responsables des résultats, mais qui ne leur offre que peu ou pas d'occasions de prendre les décisions pouvant influencer ces résultats ». Ces auteurs réfutent l'idée que les membres et la direction de la commission scolaire doivent « prendre les décisions, car ils sont responsables des conséquences » et précisent que la question pertinente n'est pas de savoir qui dirige, mais bien : « Comment faire pour obtenir les meilleurs résultats possibles ? » Selon eux, la réponse à cette question consiste à « donner aux enseignants, par des processus de collaboration, le pouvoir et l'autorité qui correspondent à leurs responsabilités » (p. 153).

Il est très important que les objectifs des enseignants, de l'école et de la direction régionale soient alignés; cependant, pour que ces objectifs soient porteurs de sens, leurs détails doivent être propres à l'école et aux enseignants. Les enseignants, lorsqu'on leur donne la latitude professionnelle qui leur est due, accepteront de collaborer pour établir des objectifs à partir de leur étude des données probantes sur l'école et leurs élèves, puis de viser des objectifs. Ceux qui établissent les objectifs doivent être tenus responsables des résultats obtenus. Les communautés d'apprentissage professionnelles offrent une structure utile à cette collaboration.

**De l'évaluation statique à l'évaluation dynamique.** L'évaluation statique est employée lorsque l'enseignant travaille dans l'isolement, habituellement pour obtenir les notes qui serviront à produire les bulletins. L'évaluation dynamique, quant à elle, permet d'obtenir des renseignements sur le processus d'apprentissage et d'en faire le suivi. Ce type d'évaluation est cyclique et continu; il cible les aspects qui présentent des difficultés pour les élèves, puis l'efficacité des activités d'apprentissage qui visent à résoudre ces difficultés. L'évaluation dynamique est un outil efficace pour faire le suivi du rendement des élèves et guider les méthodes d'enseignement à utiliser. Elle permet notamment aux enseignants d'identifier les styles et les besoins d'apprentissage de leurs pupilles. Son utilisation permet à l'école d'avoir une vue d'ensemble de la progression de ses élèves d'année en année, ainsi que de l'évolution de groupes d'élèves particuliers.

Les compétences requises pour la collecte et l'utilisation des données d'évaluation sont parmi les plus importantes que les enseignants puissent acquérir. Les pédagogues qui possèdent ces compétences et utilisent cette information dans leur travail quotidien sont plus efficaces dans leur enseignement et permettent à tous les élèves d'obtenir de meilleures notes dans les examens normalisés de la province ou de l'État. En effet, les résultats d'examens externes s'améliorent d'eux-mêmes lorsque tous les élèves profitent de méthodes d'évaluation locales précises et d'un enseignement approprié pour faciliter l'atteinte des objectifs d'apprentissage essentiels.

En travaillant au sein d'une communauté d'apprentissage professionnelle, les enseignants ont l'occasion de collaborer pour suivre les progrès des élèves et planifier un meilleur enseignement à tous les niveaux. Les CAP permettent également le soutien par les pairs, le partage des responsabilités et la création de structures souples au soutien de l'apprentissage.

**Des normes de passage strictement définies à des structures souples**. Chaque printemps, des enseignants qui travaillent dans des établissements où les normes de passage sont strictement définies regroupent les élèves de leur classe en ensembles prédéfinis et les « passent » aux enseignants du niveau suivant. Les classes sont définies selon des formules « scientifiques » fournies par la direction régionale et des formules de « caractéristiques des apprenants » élaborées par les enseignants. Ainsi, les enseignants de troisième année passent leurs élèves aux enseignants de quatrième année, qui sont eux-mêmes occupés à passer leurs élèves aux enseignants de cinquième. Cette structure bureaucratique suppose que tous les élèves sont prêts à passer au niveau suivant en même temps. C'est une façon pratique d'organiser la répartition des élèves, mais très inefficace pour ce qui est de l'apprentissage.

De plus en plus, les écoles et les systèmes scolaires réalisent que de nombreux élèves ne cadrent pas dans des moules prédéfinis. Il est donc à espérer que des structures plus souples seront élaborées pour accommoder les besoins d'apprentissage variés des élèves. Pour que de telles structures soient efficaces, les enseignants doivent être prêts à changer leur façon d'aborder leur travail et la direction régionale doit se préparer à soutenir les changements nécessaires.

Les classes « multi-année » sont un exemple éprouvé de structure souple : dans ce cas, l'enseignant a dans sa classe des élèves de divers niveaux scolaires. Cette méthode est appréciée par ceux qui l'emploient, car elle offre un excellent potentiel pour le progrès continu dans un cadre d'apprentissage composé de divers groupes d'âges. À l'école Sacred Heart, les classes multi-année se sont révélées si efficaces que la seule classe qui ne suit pas cette structure est la prématernelle. Les enseignants de Sacred Heart ont découvert que lorsque des élèves de la deuxième et de la sixième année se retrouvent dans la même classe, les élèves des deux groupes d'âge obtiennent de meilleurs résultats. Dans un tel contexte, tous les élèves peuvent travailler à leur propre niveau de compétence et apprendre plus efficacement. En outre, les élèves de sixième année servent de tuteurs et de modèles aux élèves de deuxième année, pour qui ils deviennent des amis et des mentors. Pendant une partie de la journée, les élèves travaillent de façon indépendante, et pendant une autre, avec des élèves de leur âge. L'apprentissage se continue ainsi pour tous les élèves chaque jour, toute la journée, suivant diverses structures.

L'enseignement « en boucle » est une autre structure éprouvée qui permet aux enseignants de travailler auprès du même groupe d'élèves pendant plus d'une année. Ces enseignants sont mieux placés pour soutenir l'apprentissage de leurs élèves au fil des ans. Des relations s'établissent et se maintiennent, de même que l'appréciation du style d'apprentissage de chaque élève par l'enseignant. La transition d'une année d'apprentissage à la suivante se fait ainsi sans accroc.

En vue de répondre avec souplesse aux besoins d'apprentissage de ses élèves, l'école secondaire Monticello a mis au point toute une série de stratégies. Deux d'entre elles sont particulièrement intéressantes : dans la première, on a mis au point un horaire tournant sur deux jours, qui permet de réserver tous les deux jours une période de 60 minutes où les élèves sont regroupés selon leurs besoins d'apprentissage, afin de recevoir le temps et le soutien supplémentaires dont ils ont besoin. Les élèves de Monticello sont regroupés par cohortes; comme les enseignants travaillent en équipes multidisciplinaires, ils se communiquent régulièrement leurs observations sur les élèves qu'ils ont en commun. Ils apprennent donc à bien connaître leurs élèves et peuvent intervenir rapidement lorsque des difficultés surviennent. Le fait que du temps soit réservé tous les deux jours pour le soutien à l'apprentissage dans l'horaire tournant permet d'intervenir en temps utile.

Le deuxième moyen dont s'est doté le personnel de Monticello pour faire le suivi et le soutien des élèves est un programme de mentorat par les enseignants. Dans le cadre de ce programme, chaque enseignant sert de mentor à un groupe d'élèves de la neuvième à la douzième année qui ne font pas partie de leurs classes. L'enseignant et son groupe d'élèves apprennent à bien se connaître au cours de cette période de quatre ans. Le programme permet, entre autres, d'identifier les problèmes de développement et d'intervenir rapidement et de façon personnalisée. Le fait que les groupes de mentorat comportent des élèves d'âges variés encourage aussi les élèves à se soutenir entre eux. La souplesse de son horaire unique et son programme de mentorat par les enseignants permet à Monticello de répondre aux besoins d'apprentissage de tous ses élèves.

Les communautés d'apprentissage professionnelles offrent un forum où les enseignants peuvent imaginer et mettre au point des structures tout en souplesse pour répondre aux besoins des élèves.

**De la planification pour planifier à la planification pour améliorer.** Au cours de notre travail, nous avons constaté que la plupart des écoles sont dotées d'une planification, mais que très peu d'entre elles peuvent se vanter d'une planification qui vise l'amélioration. Souvent, les écoles confondent la planification de l'amélioration avec la mise en œuvre d'un nouveau programme ou l'utilisation d'un nouveau manuel. La planification de l'amélioration se concentre plutôt sur l'effet que l'école peut avoir sur l'apprentissage des élèves, que cet impact se reflète dans une matière particulière ou au niveau du développement social. Une telle planification se développe à partir d'une base formée des valeurs communes du personnel et de l'étude des données probantes. Pour que la planification ait un impact positif sur le rendement global des élèves, on établit des objectifs précis, qui décrivent les résultats visés, puis on met au point des stratégies pour y arriver. Une fois mise en œuvre, la planification doit faire l'objet d'un suivi régulier afin de déterminer si elle permet véritablement d'accomplir ce que l'on souhaitait réaliser.

**Du temps et du personnel comme valeurs fixes à l'apprentissage comme valeur fixe.** Dans le contexte traditionnel, l'école pose l'hypothèse que le nombre d'employés et ses qualifications, ainsi que l'horaire scolaire, sont des valeurs immuables et que l'apprentissage est une variable qui en dépend. Autrement dit, on suppose que l'apprentissage des élèves dépend du nombre d'enseignants et de la taille des classes, et que la seule façon d'améliorer les résultats des élèves est d'injecter davantage d'argent dans le système scolaire. Nous mettons en doute cette hypothèse. Si on offrait aux enseignants une prime de 1000 $, travailleraient-ils d'autant plus fort ? Est-ce qu'en réduisant chaque classe de deux élèves, on améliorerait la qualité de l'apprentissage ? Est-ce que l'ajout de 10 minutes à l'horaire du cours de mathématiques garantirait que les élèves apprennent davantage de mathématiques ? Nous croyons que la réponse à chacune de ces questions est : « peut-être ».

Nous considérons que l'apprentissage doit être perçu comme une valeur fixe, et que tous les élèves peuvent recevoir le soutien requis à cet égard si l'on assouplit les structures du personnel et de l'horaire en conséquence. Le personnel de Sacred Heart, par exemple, a modifié son horaire quotidien pour répondre aux besoins de ses élèves. On a décidé que les classes commenceraient plus tard et finiraient plus tôt pour éviter les bagarres avec les élèves d'une école voisine. On a éliminé les récréations en les remplaçant par des activités sportives structurées où chaque élève fait partie d'une équipe sportive, en vue d'éliminer les problèmes de comportement dans la cour d'école qui affectaient l'apprentissage en classe. On a aussi raccourci l'heure du repas en y ajoutant des activités d'intervention et d'apprentissage différenciées adaptées aux besoins des élèves. On a modifié les rôles et les responsabilités des employés de soutien et on a mis au point des classes jumelées. On a ouvert une salle de repos et ajusté le budget de ressources humaines afin de garantir la présence d'un enseignant dans cette salle en tout temps. À Sacred Heart, l'apprentissage est une valeur fixe, et non une option. Dans ce havre d'espoir, le temps et le personnel, que l'on a traditionnellement considérés comme des valeurs fixes, sont devenus des structures souples afin de mieux répondre aux besoins des élèves.

Lorsque les enseignants travaillent en communautés d'apprentissage professionnelles, les occasions d'assouplir encore davantage ces structures se multiplient. Par exemple, à certains moments, un seul enseignant peut superviser un large groupe d'élèves pendant que d'autres travaillent avec de petits groupes. Ou encore, deux enseignants peuvent collaborer pour regrouper leurs élèves pendant certaines parties du programme. Les options qui s'offrent au personnel lorsque l'on considère le temps et le déploiement du personnel comme des variables sont d'autant plus nombreuses lorsque les enseignants collaborent en équipes.

**De l'apprentissage pour la plupart à l'apprentissage pour tous.** Le concept de « l'apprentissage pour tous, par tous les moyens » exige que les écoles s'ajustent aux besoins d'apprentissage de tous leurs élèves. Les élèves en difficulté représentent un défi pour les enseignants lorsqu'ils ne savent pas comment les aider. Leur sentiment de compétence peut être menacé. De nombreuses écoles tentent de changer ces élèves afin qu'ils s'adaptent au système en mettant au point divers programmes d'isolement ou de rattrapage, ou en les confiant à des programmes hors de l'école ou de la région. Les retenues sont aussi employées pour ceux qui présentent des lacunes de rendement. La prémisse à la base de ces méthodes est qu'elles vont « réparer » les élèves en question, afin qu'ils puissent revenir dans les classes normales et suivre la majorité. Si, toutefois, ces élèves ne parviennent pas à s'améliorer, on en conclut qu'ils en sont incapables et qu'ils ne peuvent pas être intégrés au système normal.

Ce type d'approche face aux élèves en difficulté ne peut plus être toléré. On en sait maintenant trop sur les différents styles et aptitudes d'apprentissage et sur les stratégies d'enseignement différencié pour ne pas réévaluer les hypothèses et méthodes traditionnelles relatives aux élèves à problèmes. En fait, si l'on retire cette première couche d'élèves en difficulté pour les placer dans un programme d'éducation spécialisée, une autre couche d'élèves à problèmes fera surface. Personne ne dispose d'assez d'argent, de temps ou de personnel pour continuer à agir de la sorte. En dénichant des programmes ou des services d'éducation spécialisée pour ces élèves, ont ne peut pas garantir qu'ils apprendront; toutefois, si l'on découvre l'approche d'enseignement qui leur convient, cet apprentissage est certain.

À Monticello, un programme entier a été éliminé et le personnel a réalisé qu'avec un soutien approprié, la plupart des élèves étaient en mesure de répondre aux attentes plus élevées qui leur étaient imposées. Cependant, la restructuration des niveaux du programme n'a pas suffi à effectuer cette transformation. Le personnel a dû collaborer pour en faire une réussite. Une approche d'enseignement multidisciplinaire et le suivi du rendement des élèves par des méthodes d'évaluation formatives, des évaluations de fin d'année et les résultats des examens normalisés de l'État ont guidé leurs efforts. Les membres du personnel se sont regroupés en CAP multidisciplinaires pour travailler avec des cohortes d'étudiants. Ainsi, ils ont pu se concentrer sur les besoins des élèves et trouver les moyens nécessaires pour garantir l'apprentissage pour tous.

### Résumé

La phase de réflexion du processus de planification pour la réussite de l'école et des élèves est celle où la planification elle-même débute. Les données probantes recueillies au cours de la phase d'étude servent de stimuli pour une analyse exploratoire de l'état courant de l'apprentissage au sein de l'école. Lorsque les membres du personnel se penchent sur les données probantes, il devient rapidement très clair qu'ils ont avantage à travailler avec d'autres professionnels qui partagent leurs intérêts. Les communautés d'apprentissage professionnelles offrent alors un véhicule à la collaboration entre enseignants, grâce auquel ils peuvent effectuer des changements et améliorer les résultats d'apprentissage des élèves. Le parcours vers l'espoir est déjà bien entamé.

# Chapitre 8

# La planification

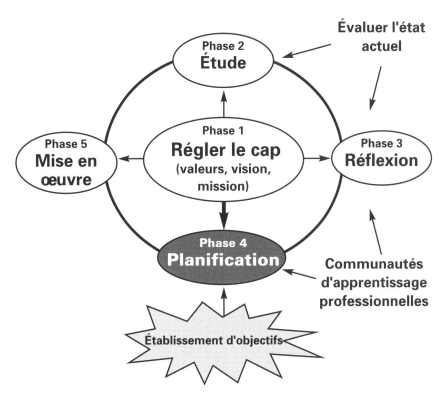

## La transformation culturelle, une tâche complexe

L'objectif premier du processus de planification pour la réussite de l'école et des élèves est la transformation culturelle. Cette tâche est complexe, car elle exige qu'un grand nombre de personnes travaillent en collaboration. La collaboration, soit l'activité clé du processus, est bénéfique au milieu scolaire, même lorsqu'elle se produit spontanément. Mais dans le cadre du processus de planification pour la réussite de l'école, la collaboration est également une activité planifiée et, particulièrement au cours de la phase de planification, les communautés d'apprentissage professionnelles sont des véhicules de changement.

Le travail en équipe et la collaboration ne sont pas nouveaux dans le domaine de la pédagogie. Les écoles à planification ouverte fondées dans les années 1970 et 1980 comportaient des structures souples offrant aux enseignants de telles occasions de collaboration. Le concept de l'enseignement par équipes fait partie du vocabulaire pédagogique depuis plus de 50 ans. Terrence Deal (1985) souligne l'importance de la collaboration pour le développement d'une culture scolaire positive. Lorsque Fred Newmann (1998) se pencha sur les écoles secondaires qui réussissaient dans leur mission, il constata que cette réussite se basait sur « la collaboration entre les membres du personnel, des périodes de temps régulièrement prévues pour la planification et le développement du programme d'études, le pouvoir d'agir sans contraintes déraisonnables et l'accès à des sources de soutien externes, telles que des organisations et des réseaux professionnels » (p. 95).

Toutefois, peu importe à quel point les avantages de la collaboration ont été vantés au fil des ans, la culture scolaire traditionnelle a rarement soutenu les véritables efforts de collaboration. Roland Barth (1991) exprime cette réticence ainsi : « Dieu n'a pas créé les classes fermées, les périodes de cinquante minutes et les matières enseignées dans l'isolement. C'est nous qui les avons créées, parce que nous considérons qu'il y a moins de risque à travailler seul qu'ensemble » (p. 128). Les enseignants tendent à résister au changement lorsque celui-ci leur donne un sentiment de perte de contrôle. On attend d'eux qu'ils maîtrisent leurs élèves, et nombre d'entre eux croient que le meilleur moyen d'y arriver est d'avoir une classe qui leur est attribuée individuellement dans un espace qui leur appartient. Ils sont habitués à un cadre où la supervision et l'évaluation se basent sur leur rendement en tant qu'individu responsable d'un groupe d'élèves précis.

Les enseignants reçoivent régulièrement des commentaires voulant que les classes silencieuses sont perçues comme des endroits où l'apprentissage mène bon train, alors qu'une classe où les élèves circulent et discutent est perçue comme étant un environnement désordonné et improductif. Les parents, selon leur propre expérience de l'école, s'attendent à des classes silencieuses où les élèves travaillent seuls à leurs pupitres sur les « compétences de base ».

Le fait que les écoles et les systèmes scolaires visent l'uniformité ajoute encore à la complexité du processus de transformation culturelle. Les gouvernements adoptent des lois pour garantir que toutes les écoles fonctionnent de la manière prescrite. Des politiques et des directives sont élaborées en ce sens au niveau régional. En outre, les pratiques de supervision traditionnelles n'encouragent pas le changement. Cette approche, qui rappelle le modèle industriel, fonctionnait bien lorsque les écoles étaient perçues comme des institutions de triage, qui déterminaient quels élèves seraient dignes de continuer leur carrière scolaire et lesquels passeraient directement dans le monde du travail. Ce modèle, toutefois, est périmé tant dans les écoles que dans le monde des affaires.

Dans le monde des affaires, la nécessité de la transformation culturelle a été abordée par la restructuration de grandes organisations en unités de travail de plus petite taille, chacune étant dotée d'une mission précise. Ce type de restructuration ajoute de la souplesse à l'organisation et lui permet de répondre plus rapidement aux soubresauts de l'économie mondiale. Les écoles peuvent aussi bénéficier d'une telle restructuration. Le monde a changé de telle façon que, dans l'école d'aujourd'hui, l'enseignant ne peut plus répondre individuellement aux nombreuses exigences de son travail. La seule solution consiste alors à collaborer avec ses collègues afin de répondre aux besoins changeants des élèves et aux nombreux ajouts effectués au programme d'études. Les communautés d'apprentissage professionnelles sont un excellent outil pour cette collaboration nécessaire. Cependant, le processus pose certains défis.

## Les défis de la communauté d'apprentissage professionnelle

Lorsque les enseignants commencent à collaborer dans un contexte d'apprentissage professionnel, ils réalisent rapidement que le changement n'est pas chose facile. Certains membres du personnel peuvent résister au changement et nuire au travail de l'équipe, d'autres se jeter de l'avant trop rapidement. En apprenant à travailler ensemble, les membres d'une CAP peuvent être tentés de dériver vers leurs anciennes habitudes de travail. Les trois défis suivants sont régulièrement présents dans le travail des CAP :

- La procrastination : *planifier la planification* plutôt que *planifier l'amélioration*
- La résistance : tenir coûte que coûte au statu quo

- L'exagération : tenter d'en faire trop dans un délai trop court

**La procrastination.** Une CAP peut facilement tomber dans le piège qui consiste à *planifier la planification* plutôt que de *planifier l'amélioration*. On voit fréquemment des écoles qui décident de mettre en œuvre des programmes innovateurs dans le cadre de la planification de leur établissement. Voici quelques exemples de ce type d'initiatives :

- Mettre en œuvre l'enseignement de la lecture par la méthode globale dans toutes les classes.
- Introduire l'apprentissage coopératif.
- Établir des communautés d'apprentissage professionnelles.
- Appliquer une politique de sécurité scolaire.
- Restructurer les bulletins pour mieux représenter le rendement des élèves.
- Demander à chaque enseignant d'appliquer trois nouvelles stratégies d'enseignement d'ici les vacances de Noël.
- Intégrer l'informatique au programme d'études.

Carl Glickman (1993) soutient que « l'épreuve du feu, pour une école, ne repose pas sur ses innovations, mais bien sur la solidité, l'endurance et la pertinence des résultats obtenus par ses élèves » (p. 50). Stephen Covey (1989) nous dit qu'« un objectif efficace cible les résultats plutôt que les activités. Il définit la situation visée [, il] fournit des renseignements utiles sur la façon d'y parvenir et, lorsque vous l'avez atteint, il vous permet de le savoir. Un tel objectif permet d'unifier efforts et stratégie » (p. 137). Mike Schmoker (2001) illustre parfaitement la différence entre les écoles qui « planifient pour planifier » et celles qui planifient en vue d'une amélioration :

> Le fait d'établir de vagues objectifs de procédure ou de processus sans définir des buts d'apprentissage précis est tout simplement ridicule. Les uns sont essentiels aux autres. Les processus auront tendance à satisfaire en eux-mêmes les institutions traditionnelles, peu importe les résultats obtenus; les objectifs d'apprentissage permettent de donner un sens à ces processus et de poser une garantie de réalisation. (p. 30)

**La résistance.** L'amélioration de l'établissement scolaire est un travail ardu. C'est aussi une entreprise chaotique, car les exigences du changement sont rarement linéaires et souvent accueillies avec réticence. Certains enseignants accueilleront à bras ouverts l'occasion de collaborer avec leurs collègues, mais d'autres seront moins qu'enthousiastes à l'idée de changer leurs méthodes de travail. Il est crucial que les enseignants se soient entendus sur leurs valeurs, leur vision et leur intention communes, qui forment la base de tout dialogue. D'autres moyens de soutien seront aussi requis pour faciliter le processus, qu'il s'agisse de formation professionnelle, de matériel pédagogique ou d'encouragement.

DuFour et Eaker (1998) écrivent : « L'invitation à collaborer ne donne rien » (p. 118). Pour que les enseignants puissent collaborer efficacement, ils doivent avoir du temps pour la réflexion, la recherche collective, la planification et le soutien professionnel. Pour que les équipes puissent être productives, elles doivent recevoir de la formation et du soutien, ainsi que des directives claires quant à leurs activités. À mesure que les enseignants acquièrent de l'expertise et de la confiance en eux quant à leur rôle

---

### Prérequis à la création d'équipes de collaboration efficaces
#### (Adapté de DuFour et Eaker, 1998)

1. Du temps doit être réservé exclusivement à la collaboration.

2. Les objectifs de la collaboration doivent être clairement exprimés.

3. Pour collaborer efficacement, le personnel de l'école doit bénéficier de la formation et du soutien requis.

4. Les pédagogues doivent assumer la responsabilité professionnelle de collaborer avec leurs collègues.

---

au sein de l'équipe, la collaboration et le soutien par les pairs deviennent partie intégrante de la culture de l'école.

**L'exagération.** Le fait de vouloir en faire trop, trop rapidement aura tendance à épuiser et à décourager les intervenants, ce qui peut mettre à risque la durabilité du changement. Il n'est évidemment pas possible de tout faire à la fois; dans ce cas, par où doit-on commencer la planification ? Quel est la meilleure façon d'utiliser le temps et l'énergie du personnel ? Quels sont les objectifs prioritaires et lesquels peuvent être remis à plus tard ? Le nombre et la nature des objectifs issus de la phase de planification sont essentiels au succès du processus.

Pour éviter la surcharge de travail, chaque communauté d'apprentissage professionnelle doit se fixer un maximum de trois objectifs. Une fois réunis, les objectifs de toutes les CAP forment le plan d'amélioration de l'école. Ainsi, le plan de l'école peut comporter de nombreux objectifs, mais chaque membre du personnel ne devrait avoir la responsabilité que de trois objectifs précis.

## Fixer des objectifs au-delà des pourcentages et des chiffres

Dans le cadre du processus de planification pour la réussite de l'école et des élèves, la phase de planification elle-même consiste à fixer des objectifs qui contribueront à la vie des élèves de l'école et inspireront son personnel à obtenir de meilleurs résultats. De nombreux modèles de planification ciblent avant tout l'amélioration des résultats scolaires à un niveau scolaire précis, dans une matière précise et pour des groupes d'élèves bien définis. Nous sommes tout autant engagés envers l'amélioration des résultats de tous les élèves et nous croyons que ce but est essentiel. Cependant, pour créer des écoles qui soient de véritables havres d'espoir, nous croyons que d'autres objectifs tout aussi importants doivent être privilégiés.

Stephen Covey (1989) explique que l'efficacité personnelle est le résultat d'une combinaison de deux qualités, soit le caractère et la compétence. En effet, lorsque des individus se comportent d'une façon qui démontre à la fois du caractère et de la compétence, on en vient à les considérer comme étant dignes de confiance. La théorie de Covey s'applique également bien au milieu scolaire. Les écoles, pour obtenir la confiance de leurs élèves et de la collectivité, doivent présenter cette même combinaison de caractère et de compétence. Elles doivent également ment être perçues comme étant dignes de confiance.

Les écoles efficaces se fixent à la fois des objectifs de compétence et de caractère. Les objectifs de caractère sont habituellement applicables à l'école dans son ensemble et ont un impact sur la culture de l'établissement. Les objectifs de compétence portent le plus souvent sur les résultats scolaires et sont particuliers à un groupe d'élèves ou à une discipline. Ces deux types d'objectifs ciblent l'apprentissage et l'amélioration des résultats des élèves. Ce qui les différencie est leur champ d'application.

Une bonne part de ce que l'on retrouve dans les ouvrages récents sur l'amélioration des écoles se concentre sur ce que nous appelons les objectifs de compétence. Ces objectifs ont habituellement un champ d'application restreint et mesurent l'amélioration en chiffres et en pourcentages. Cependant, lorsque l'école se concentre uniquement sur la réussite scolaire, les sentiments et la passion qui peuvent être véhiculés dans des objectifs de caractère demeurent sans issue. Les objectifs de caractère peuvent s'appliquer à différents aspects de la vie scolaire, par exemple : leadership étudiant, rituels et célébrations, travail d'équipe, responsabilité sociale, arts, santé et forme physique, participation des parents, multiculturalisme, lutte contre l'intimidation, et ainsi de suite. Ces aspects forment une sorte de programme « parapluie », qui couvre et protège la totalité de la population scolaire. Selon nous, les compétences dans ces domaines sont aussi importantes au développement holistique de l'enfant que la lecture, l'écriture et les mathématiques. Il s'agit d'un apprentissage de compétences de vie, qui peut avoir un impact remarquable sur le développement de chaque élève, ainsi que sur le caractère de l'école entière. En effet, les objectifs d'apprentissage dans ces domaines rehaussent la culture scolaire en offrant à tous les élèves des occasions d'exceller. Ils favorisent également l'établissement d'un esprit de communauté qui, en retour, permet à l'élève d'éprouver les sentiments d'appartenance et de soutien nécessaires à son bon développement. Les objectifs de caractère applicables à l'ensemble de l'école, combinés à des objectifs de compétence portant sur des résultats précis dans chacune des matières, permettent de créer de véritables havres d'espoir. C'est une recette gagnante.

Chacune des trois écoles que nous avons présentées dans cet ouvrage comme étant des havres d'espoir ont basé leur planification à la fois sur des objectifs de compétence et de caractère. Leur engagement envers ces deux types d'objectifs a pris racine dans leurs énoncés de valeurs, de vision et d'intention. Sans exception, nos havres d'espoir ont travaillé à améliorer la culture de l'école en favorisant le développement holistique de leurs élèves, tout en ciblant particulièrement l'acquisition de compétences dans les matières enseignées.

## Le caractère, la compétence et les corrélats des écoles efficaces

Selon nous, les corrélats des écoles efficaces, tels qu'identifiés par Lawrence Lezotte, illustrent parfaitement le lien entre le caractère et la compétence dans les écoles qui obtiennent la confiance de leurs élèves et de leur collectivité. Le leadership pédagogique a un impact à la fois sur les corrélats relatifs à la compétence et ceux qui sont apparentés au caractère.

### *Corrélats relatifs au caractère*

**Énoncé d'intention commune (mission claire et ciblée).** Les écoles efficaces sont dotées de valeurs, d'une vision et d'une intention clairement énoncées et comprises et entérinées par leur personnel. Lorsque les pédagogues d'une école s'engagent envers des valeurs telles que l'apprentissage pour tous, le

---

**Corrélats relatifs au caractère**

- Énoncé d'intention commune (mission claire et ciblée)

- Environnement sûr et ordonné

- Relations constructives entre la maison et l'école

**Corrélats relatifs à la compétence**

- Occasions d'apprentissage et répartition du temps accordé à chaque sujet

- Climat d'attentes élevées pour la réussite

- Évaluation fréquente du progrès des élèves

- Leadership pédagogique

---

bien-être des élèves, la responsabilité sociale ou le service communautaire, ils se fixent des objectifs de caractère qui doivent être atteints par tous les élèves de l'école. Ces objectifs peuvent être atteints de diverses façons par des élèves d'âge et de capacités différentes. Ils seront soutenus par le personnel entier dans tous les aspects de la vie de l'école.

**Environnement sûr et ordonné**. Lorsque les membres du personnel se fixent l'objectif d'éliminer l'intimidation ou de favoriser la responsabilité sociale, ils travaillent à changer la culture de l'école en créant un environnement qui soutiendra et influencera l'apprentissage sous tous ses aspects.

**Relations constructives entre la maison et l'école.** Une meilleure communication avec les parents et leur participation au soutien de l'apprentissage de leurs enfants sont des outils puissants pour l'amélioration des résultats scolaires.

### *Corrélats relatifs à la compétence*

**Occasions d'apprentissage et répartition du temps accordé à chaque sujet**. Lorsque l'on établit des objectifs d'apprentissage précis, dans des matières particulières et pour des groupes d'élèves bien définis, on cible l'acquisition de compétences avec efficacité. Pour améliorer le rendement des élèves, il est essentiel de considérer à la fois les stratégies d'enseignement et l'emploi du temps disponible. Les activités d'apprentissage qui font pleinement participer les élèves optimisent le temps accordé à un sujet particulier. On fait de même en structurant l'horaire et les ressources de l'école de façon à maximiser le temps accordé à l'apprentissage. Lorsqu'ils se voient offrir des occasions d'apprentissage qui les inspirent dans des structures de classe souples, les élèves ne peuvent que réussir. La structure des activités d'apprentissage, les méthodes de regroupement des élèves, les moyens d'intervention pour les élèves en difficulté, l'emploi des périodes non structurées et les devoirs sont tous des éléments importants à cet égard.

**Climat d'attentes élevées pour la réussite**. Il existe différents moyens de communiquer des attentes élevées : l'un d'eux consiste à établir des objectifs de compétence élevés. Un autre consiste à fournir sans relâche aux élèves le temps et l'enseignement nécessaires, jusqu'à ce qu'ils atteignent la réussite. Les interactions entre les enseignants, les élèves et les parents forment un milieu propice à la communication d'attentes élevées et pour fournir aux élèves le soutien nécessaire pour les atteindre. L'école peut aussi intégrer à sa culture des attentes élevées en reconnaissant et en honorant les succès de tous ses élèves.

**Évaluation fréquente du progrès des élèves.** La compétence des enseignants dans l'évaluation et le suivi des progrès est essentielle pour l'amélioration de l'école et du rendement des élèves. L'évaluation guide l'enseignement, soutient la planification et permet d'évaluer l'efficacité des méthodes pédagogiques employées. Les contrôles, ainsi que diverses méthodes d'évaluation officielles, sont des outils précieux pour aider les élèves à se conscientiser en tant qu'apprenants. Lorsque les élèves commencent à comprendre leurs propres caractéristiques d'apprenants, soit lorsqu'ils « apprennent à apprendre », ils acquièrent des compétences qui leur seront utiles tout au long de leur vie. Lors de la préparation des élèves aux examens normalisés du gouvernement ou aux examens locaux, les enseignants doivent se concentrer sur les objectifs du programme d'études qui sont identifiés comme étant essentiels, ainsi que sur les compétences d'examen des élèves.

### Le septième corrélat : leadership pédagogique

Le corrélat relatif au leadership pédagogique est essentiel tant aux corrélats de caractère qu'aux corrélats de compétence. Le caractère d'une école bénéficie lorsque sa culture soutient la responsabilisation et le risque raisonnable qui permettent aux enseignants de devenir des leaders pédagogiques. Le leadership est une question d'influence. En travaillant dans un environnement sûr et ordonné, en partenariat avec les parents des élèves, les membres du personnel scolaire sont en mesure de soutenir leurs pupilles afin que ceux-ci puissent prendre les risques nécessaires pour apprendre. Dans un tel environnement, le personnel est guidé par une intention commune et collabore pour répondre aux besoins des élèves et réinventer le travail d'apprentissage. Cette attitude professionnelle proactive crée une culture de confiance et de respect qui a un effet positif sur le caractère de l'école.

Le leadership pédagogique a aussi un impact sur la compétence des élèves et du personnel. Chaque individu de la communauté scolaire est considéré comme un apprenant. Les enseignants, en collaborant, se concentrent sur la création de conditions d'apprentissage qui favorisent l'acquisition de compétences, de connaissances et d'habiletés, tant pour eux-mêmes que pour leurs élèves. Ils recueillent ensuite des données probantes afin de mesurer les progrès des élèves et mettent en œuvre des stratégies à rendement élevé afin d'améliorer les résultats de l'apprentissage pour tous. On garantit alors aux élèves un environnement propice à l'apprentissage, avec une répartition équitable du temps accordé à chaque sujet, dans un climat d'attentes élevées où leurs progrès sont fréquemment évalués. Le résultat de ces efforts est une compétence accrue, tant pour les enseignants que pour les élèves.

### Fixer des objectifs qui feront toute la différence

Lezotte et McKee (2002) parlent des énoncés d'objectifs efficaces comme des « objectifs d'amélioration » qui seront clairs pour tous ceux qui les lisent. Les objectifs d'amélioration répondent aux questions suivantes :

- Qui seront les personnes responsables ?
- Quelles seront les activités réalisées ?
- Quand les activités seront-elles réalisées ?
- Comment l'atteinte de l'objectif sera-elle mesurée ?

Par exemple, un objectif d'amélioration pourrait être rédigé comme suit :

> D'ici la fin du mois de juin, au moins 80 % des filles de la 2e à la 5e année auront maîtrisé les compétences essentielles de leur niveau en mathématiques. Les résultats employés pour mesurer ce rendement seront une note de fin d'année de C ou plus de la 2e à la 5e année, ainsi qu'une note de compétence dans la section de l'examen normalisé de l'État portant sur les mathématiques pour les élèves de 4e année. (p. 176)

Anne Conzemius et Jan O'Neill (2002) nous renseignent sur les objectifs SMART. Selon elles, « comme les objectifs SMART forment une base pour l'évaluation des progrès et un outil permettant de s'assurer que les efforts de l'équipe se concentrent sur des cibles stratégiques, ils forment le moteur de l'amélioration et de l'apprentissage continus ». (p. 6). Les objectifs SMART sont **S**tratégiques et spécifiques, **M**esurables, **A**tteignables, axés vers les **R**ésultats et limités dans le **T**emps.

Voici un exemple d'objectif SMART :

> D'ici trois ans, tous les élèves de 3e année atteindront la note de compétence en compréhension de lecture et en mathématiques.

Cet objectif est spécifique, mesurable, atteignable, axé vers les résultats et limité dans le temps. L'atteinte de cet objectif est possible uniquement si tous les enseignants de la maternelle à la troisième année le partagent et collaborent pour l'atteindre. L'examen des données probantes recueillies à la phase 2 du processus de planification, soit la phase d'étude, fournit les renseignements de base sur le rendement actuel des élèves de troisième année. Cette information aidera les enseignants à décider par où commencer leurs modifications à l'enseignement. Elle est également utile pour mesurer l'impact de ces modifications avec le temps.

## Les objectifs SMART sont...

- **S**tratégiques et spécifiques : les objectifs se basent sur les données probantes et se concentrent sur des besoins d'apprentissage précis.

- **M**esurables : le progrès et la réussite sont mesurés de diverses façons, avec une variété d'outils et de méthodes.

- **A**tteignables : le défi représenté par chaque objectif doit être pertinent selon le temps et les ressources disponibles.

- Basés sur les **R**ésultats : des objectifs d'apprentissage précis sont identifiés, ainsi que la façon de les évaluer ou de les observer.

- Limités dans le **T**emps : un échéancier raisonnable et réalisable ajoute un sentiment d'urgence à l'atteinte des objectif et fait en sorte qu'ils demeurent une priorité.

### Résumé

La clé de l'amélioration scolaire repose sur la collaboration des enseignants dans le cadre de communautés d'apprentissage professionnelles. Ces enseignants feront face à plusieurs défis au cours de l'établissement des objectifs et de la planification nécessaire pour les atteindre. Une planification efficace requiert de procéder avec diligence pour l'établissement de tels objectifs, qui doivent viser à la fois le caractère et la compétence. Les objectifs applicables à l'ensemble de l'école ciblent davantage le développement du caractère et de la culture scolaire, alors que les objectifs portant sur des résultats précis dans une matière ou pour un groupe d'élèves ciblent le développement de la compétence.

Les objectifs doivent être élaborés avec soin pour guider la planification et la mise en œuvre. Pour ce faire, les objectifs doivent se baser sur l'étude des données probantes, tant qualitatives que quantitatives. Ils doivent aussi refléter les valeurs identifiées par la communauté scolaire. Zmuda et associés (2004) parlent des écoles qui démontrent de l'amélioration en tant que des systèmes compétents qui visent l'amélioration des résultats pour tous les élèves. Ils écrivent que, dans un système compétent, « tous les membres du personnel ont la conviction que ce qu'ils ont décidé de faire collectivement est un défi qu'ils sont capables de relever et qui en vaut la peine » (p. 183).

*Chapitre 9*

# Stratégies à rendement élevé : les clés de l'atteinte des objectifs

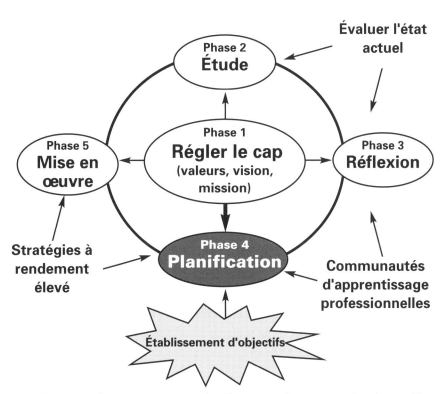

Lorsque les communautés d'apprentissage professionnelles visent le succès de l'élève et de l'école, elles s'appuient d'abord sur des données probantes afin de fixer des objectifs pour l'amélioration scolaire. Une fois les objectifs fixés, les membres du personnel entreprennent la phase de planification du processus en posant des questions essentielles (voir ci-dessous) et en identifiant les stratégies à rendement élevé qui aideront le personnel de l'école à atteindre ses objectifs. Les stratégies à rendement élevé visent à la fois des objectifs de caractère et de compétence.

---

### Questions essentielles pour guider la planification

1. Que doivent apprendre nos élèves s'ils veulent réussir ?

2. Quelles sont les mesures à prendre pour nous assurer qu'ils l'apprennent ?

3. Quelles sont les mesures d'évaluation qui permettront de savoir qu'ils apprennent ?

4. Quelles mesures prendrons-nous s'ils n'apprennent pas ce qu'ils doivent apprendre pour réussir ?

---

Lezotte (1997) définit la stratégie à rendement élevé comme « un concept ou principe, appuyé par l'exploration de la recherche en cours et d'études de cas qui, appliqué dans une école, entraînera une importante amélioration du rendement évalué des élèves » (p. 17). Il souligne en outre que les stratégies à rendement élevé modifient les transactions et interactions entre l'enseignant et les élèves, ainsi qu'entre les élèves.

La construction d'un nouveau toit pour l'immeuble de l'école se veut une stratégie qui gardera les enseignants et les élèves bien au sec; cependant, cela n'augmentera pas considérablement le rendement. Par contre, l'apprentissage coopératif, s'il est correctement mis en œuvre, changera la relation entre élèves et les enseignants, et peut avoir un effet important sur la réussite de l'élève dans la classe et dans la vie quotidienne. Il est essentiel d'effectuer un suivi des résultats des élèves lors de la mise en œuvre des stratégies à rendement élevé, afin de s'assurer qu'elles produisent réellement une amélioration.

Le développement professionnel, la recherche et la collaboration sont les clés de l'identification des stratégies à rendement élevé les plus efficaces qui soient pour l'amélioration des résultats scolaires en termes des objectifs établis.

---

### Quatre domaines d'application pour les stratégies à rendement élevé

1. Structures et pratiques pédagogiques

2. Harmonisation du programme d'études

3. Méthodes d'enseignement

4. Participation des parents

---

Ce chapitre décrit quatre domaines d'application pour les stratégies à rendement élevé sur lesquelles les havres d'espoir peuvent se fonder pour atteindre leurs objectifs.

## Premier domaine : structures et pratiques pédagogiques

Les structures et pratiques pédagogiques doivent faire l'objet d'une révision afin de déterminer celles qui favorisent davantage l'apprentissage des élèves et celles qui y font obstacle. Les structures pédagogiques comprennent le cadre physique de l'école, l'attribution du budget de ressources humaines et des tâches, les regroupements d'élèves et les horaires. Les pratiques pédagogiques comprennent les bulletins, les méthodes de reconnaissance du succès des élèves, la gestion du comportement, le soutien et l'intervention auprès des élèves en difficulté, les codes de conduite, les devoirs et les politiques d'assiduité.

Charlotte Danielson (2002) parle de la structure organisationnelle d'une école comme étant « étroitement liée à d'autres aspects de l'établissement, notamment le programme d'études, l'évaluation de l'élève et le soutien de l'apprentissage » (p. 47). Il importe de faire preuve d'ouverture d'esprit lors de la révision de la structure et des pratiques actuelles, ainsi que de souplesse quant aux changements apportés, afin de favoriser des occasions d'apprentissage optimales pour tous les élèves, dans un environnement sûr et empreint de respect.

Nous avons donc créé l'outil en 10 points ci-dessous afin d'aider les écoles à évaluer l'efficacité de leur structure et de leurs pratiques. Les données probantes qui indiqueront la voie à suivre dans ces domaines viendront des élèves, du personnel, des parents et de la collectivité.

1. Notre environnement scolaire est-il sûr et ordonné ?

2. Notre personnel est-il réparti de façon à optimiser l'apprentissage ?

3. Les élèves sont-ils regroupés de façon à optimiser l'apprentissage ?

4. Les élèves qui connaissent des difficultés reçoivent-ils suffisamment de soutien ?

5. Notre horaire favorise-t-il le processus d'apprentissage ?

6. Nos méthodes de rapport sont-elles appropriées et efficaces ?

7. Nos méthodes de reconnaissance des élèves sont-elles saines et stimulantes ?

8. La philosophie qui sous-tend notre politique disciplinaire est-elle comprise par chacun ?

9. La philosophie qui sous-tend nos méthodes et politiques relatives aux devoirs est-elle comprise par chacun ?

10. Notre politique relative à l'assiduité favorise-t-elle l'apprentissage des élèves ?

**1. Notre environnement scolaire est-il sûr et ordonné ?**
Un plan bien conçu de l'utilisation du temps et de l'espace scolaire peut aider considérablement les élèves, peu importe leur âge, à se sentir en sécurité à l'école. Les élèves ont besoin de se sentir physiquement en sécurité, tant lors des périodes structurées que non structurées. Sont-ils à l'aise dans les vestiaires ? Les élèves plus âgés agissent-ils à titre de mentors et d'amis envers les plus jeunes ? Les nouveaux élèves de l'école sont-ils accueillis sans être humiliés par des rituels d'initiation ? Les élèves savent-ils que les adultes de l'école les protégeront et assureront leur sécurité physique et émotionnelle ? La position adoptée par l'école sur l'intimidation par les pairs et autres questions relatives à la sécurité est-elle clairement exprimée et communiquée ?

Le sentiment d'appartenance et la certitude d'être un membre important d'une communauté sont des conditions essentielles d'un milieu propice à l'apprentissage. Les adultes de l'école jouent un rôle primordial sous cet aspect. Une présence visible dans les couloirs, les cafétérias, les vestiaires et les terrains de jeux permet aux adultes de surveiller et de soutenir les élèves pendant les périodes non structurées. Le fait de regrouper les élèves en cohortes le plus souvent possible est une bonne méthode pour établir un sentiment de communauté. L'enseignant conseiller et les systèmes familiaux – deux façons d'assurer un parrainage adulte bienveillant – sont deux autres méthodes pouvant s'avérer utiles dans certains milieux scolaires. La sécurité émotionnelle et physique des élèves sera plus facilement assurée si les systèmes en place favorisent pour chacun une relation avec au moins un adulte bienveillant dans l'école. Chaque élève doit savoir qu'il y a un adulte dans l'établissement qui l'écoutera s'il rencontre un problème et qui remarquera son absence, le cas échéant. La sécurité physique et l'absence de harcèlement sont des conditions essentielles à l'apprentissage.

Tous les adultes de l'école ont un rôle important à jouer dans l'élaboration d'une culture favorisant l'apprentissage de l'élève. Non seulement les enseignants, mais aussi le personnel administratif, les concierges, les chauffeurs d'autobus et les employés de cafétéria doivent participer au processus d'application des énoncés de valeurs, de vision et d'intention, ou au moins les comprendre clairement. Il importe également de les inclure avec les enseignants titulaires dans le développement professionnel relatif à la gestion de la classe et du comportement. La journée des élèves ne débute pas dans la salle de classe, mais bien dès leur départ vers l'école et lors des activités menant au premier cours, que ces activités se déroulent dans le cadre d'un programme de petit déjeuner, sur le terrain de jeux, dans les couloirs ou lors d'activités parascolaires. Douglas Reeves (2004) parle de l'importance des dirigeants prenant des mesures afin d'harmoniser l'éducation et le comportement de tous les adultes de l'école, et ainsi s'assurer que « chaque membre du personnel, que ce soit un chauffeur d'autobus, un employé des services d'alimentation ou un enseignant titulaire, représente un adulte dirigeant aux yeux des élèves » (p. 72). Lorsque les adultes font preuve de constance dans leur langage et leurs interactions, le comportement des élèves s'améliore et on établit un milieu d'apprentissage productif favorisant la réussite.

**2. Notre personnel est-il réparti de façon à optimiser l'apprentissage ?** Le personnel de l'école est normalement affecté selon une formule du district ou de la commission scolaire fondée sur les besoins perçus de l'enseignement « régulier » et « spécialisé », celui-ci portant par exemple sur la musique, l'éducation physique, les arts, l'enseignement aux allophones, l'éducation spécialisée et l'éducation pour les enfants doués, l'informatique, etc. Une participation explicite et volontaire de tous les enseignants dans la mise en œuvre du programme, peu importe leur rôle dans l'école, amènera une amélioration des résultats de tous les élèves. Reeves (2002) cite un exemple portant sur l'observation des données probantes en mathématiques et révélant des résultats insatisfaisants quant aux aptitudes reliées aux fractions, aux ratios et aux mesures. Il soutient que même si ces lacunes sont identifiées dans le programme de mathématiques, leur insertion dans d'autres matières renforcera ces aptitudes de plusieurs façons. Par exemple, les professeurs de musique peuvent aider les élèves en mettant en vedette la notation rythmique et les relations mathématiques entre les notes. Les professeurs d'éducation physique peuvent prendre la course à titre d'exemple pour illustrer les fractions, les ratios et les mesures. Les professeurs d'art peuvent aussi intégrer les mathématiques dans leur enseignement lors de la démonstration de la perspective et de l'échelle. D'autres matières peuvent aussi être intégrées à un tel apprentissage. Les sujets des sciences sociales se jumellent facilement aux cours de langue, aux mathématiques, à la musique, aux arts visuels et aux activités d'éducation physique. Par ailleurs, l'éducation spécialisée, l'éducation pour les enfants doués et les professeurs d'informatique tiennent un rôle évident dans tous les programmes d'études. L'intégration horizontale du programme permet aux enseignants de toutes les disciplines d'optimiser l'enseignement magistral.

**3. Les élèves sont-ils regroupés de façon à optimiser l'apprentissage ?** La recherche indique que des classes d'une taille de 15 élèves ou moins favorisent les occasions d'apprentissage des élèves. En réalité, il est peu probable que nous ayons jamais des classes de cette taille. Il en ressort cependant que les groupes d'enseignement plus petits se prêtent à un apprentissage amélioré. L'objectif à atteindre consiste alors à répartir le personnel de façon à créer des groupes d'enseignement individuels plus restreints pendant une partie de la journée.

Le regroupement d'élèves pose des problèmes d'ordre philosophique que le personnel doit aborder en répondant à certaines questions, notamment :

- Comment se fait la prise de décisions relative au placement des élèves ? Selon la capacité, la personnalité ?

- Favorisons-nous les regroupements homogènes ou appuyons-nous le concept du regroupement hétérogène ?

- De quelle façon regroupons-nous les élèves dans la classe ? Les regroupements en classe sont-ils adaptables ou statiques ? Identifions-nous les groupes selon des appellations telles que « les merles » et « les buses » qui, subtilement ou non, évoquent le niveau de réussite de chaque groupe ?

Les réponses à ces questions sauront illustrer la philosophie relative aux regroupements d'élèves dans une école.

Notre appui aux groupes d'enseignement plus restreints va à l'encontre des méthodes de suivi de l'école traditionnelle. Les propos de Danielson (2002) sur les stratégies de regroupement épousent parfaitement notre ligne de pensée :

> Un suivi permanent nuit à tous les élèves, à l'exception des plus doués, qui en fait ne profitent que très peu de cette pratique. Les regroupements à court terme par aptitudes peuvent toutefois s'avérer bénéfiques pour tous les élèves (. . .). L'approche de l'école face à l'horaire et la répartition du personnel doit appuyer, au besoin, la formation de regroupements par aptitudes à court terme. De plus, l'organisation de l'école doit permettre la formation rapide de ces groupes d'aptitudes ainsi que des changements fréquents; autrement dit, la souplesse est la clé de leur réussite. (p. 47)

**4. Les élèves qui connaissent des difficultés reçoivent-ils suffisamment de soutien ?** Les services de soutien pédagogique sont au cœur du fonctionnement de toute école. Il existe plusieurs modèles et philosophies pour la prestation des services dans ce domaine. Les valeurs, la vision et l'intention adoptées par le personnel guideront leur travail auprès des élèves en difficulté.

Les écoles, en réfléchissant sur leurs structures et pratiques de soutien aux élèves en difficulté, doivent aborder un certain nombre de questions :

- Sommes-nous engagés à inclure tous nos élèves ?
- Que voulons-nous dire quand nous parlons d'inclusion ?
- Les services de soutien aux élèves existent-ils pour tous les élèves de l'école ou seulement pour certains ? Offrons-nous le bon type de soutien ?
- Les résultats des évaluations nous servent-ils à identifier les styles d'apprentissage et les besoins des élèves en difficulté ?
- Est-ce que nous contribuons à planifier adéquatement l'éducation de ces élèves ?
- De quelle manière soutenons-nous ces élèves dans leur apprentissage ?
- Est-ce que nous intégrons les parents dans un partenariat pour le travail auprès ces élèves ?

Schmoker (2002) commente le travail de Rick DuFour et de son équipe à l'école secondaire Adlai Stevenson. La « Pyramide d'intervention » de l'école Stevenson a été mise au point pour apporter du soutien aux élèves qui connaissaient des difficultés. Cette « pyramide » est essentiellement un continuum de méthodes d'intervention pour les élèves qui ne réussissent pas, dont chacune a une portée plus grande que la précédente. Les enseignants de l'école Stevenson ont la responsabilité de surveiller la réussite de leurs élèves et d'intervenir au moindre signe de difficulté. Ces interventions vont de rappels amicaux à la planification approfondie du soutien avec du personnel supplémentaire et des activités hors de la classe.

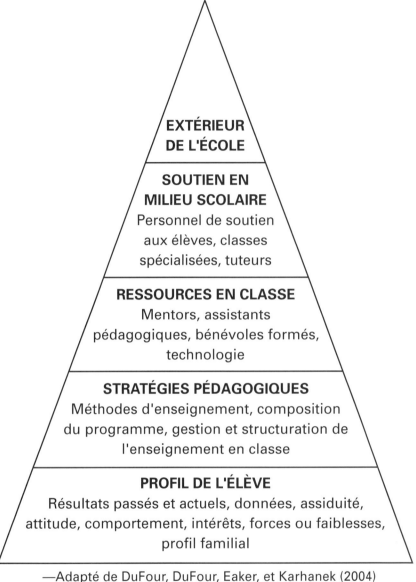

**EXTÉRIEUR DE L'ÉCOLE**

**SOUTIEN EN MILIEU SCOLAIRE**
Personnel de soutien aux élèves, classes spécialisées, tuteurs

**RESSOURCES EN CLASSE**
Mentors, assistants pédagogiques, bénévoles formés, technologie

**STRATÉGIES PÉDAGOGIQUES**
Méthodes d'enseignement, composition du programme, gestion et structuration de l'enseignement en classe

**PROFIL DE L'ÉLÈVE**
Résultats passés et actuels, données, assiduité, attitude, comportement, intérêts, forces ou faiblesses, profil familial

—Adapté de DuFour, DuFour, Eaker, et Karhanek (2004)

Dans le cadre de notre travail avec les enseignants, nous les encourageons à adopter des stratégies d'intervention à trois niveaux : la salle de classe, l'école et la collectivité; dans tous les cas, l'enseignant titulaire ou de la matière en question est l'élément clé du processus. Nous recommandons que ce processus commence par l'établissement d'un profil pour chaque élève, qui comprend des renseignements pertinents sur plusieurs aspects individuels, notamment les niveaux d'aptitude actuels, les réussites passées, l'assiduité et les comportements. Ces renseignements guideront ensuite les enseignants dans la planification des expériences d'apprentissage, des stratégies d'enseignement et du soutien. Des ressources supplémentaires en classe doivent être disponibles afin d'appuyer le travail d'apprentissage des élèves. Si une aide supplémentaire est requise en classe, des ressources seront accessibles et, au besoin, on pourra recourir à du soutien au sein de la collectivité. Le schéma ci-dessus illustre ces stratégie.

Ce type d'approche a été emprunté par le personnel de l'école communautaire Sacred Heart lorsqu'il a complètement réorganisé la structure de son service de soutien aux élèves en vue de favoriser l'utilisation de stratégies d'éducation à rendement élevé pour soutenir un plus grand nombre d'élèves. Le soutien direct en classe est devenu la préoccupation principale des enseignants qui travaillent dans le service de soutien pédagogique. Le personnel de l'école intermédiaire Lawrence Heights a développé de nombreux programmes pour appuyer les élèves en difficulté. Le projet Fierté et le programme Éducation, sports et réussite en font partie. L'école secondaire Monticello a soutenu son engagement à accorder davantage de temps et d'enseignement à ceux qui éprouvent des difficultés en modifiant l'horaire des cours pour y intégrer du temps d'intervention.

**5. Notre horaire favorise-t-il le processus d'apprentissage ?** Reeves (2004) note que « l'importance cruciale de l'enseignement magistral n'est pas une idée nouvelle, bien que dans un nombre étonnant d'écoles, on respecte davantage l'horaire que le Serment d'allégeance, la Constitution et la Grande Charte combinés » (p. 68). La durée des cours, le moment de la journée où divers sujets sont enseignés et la disponibilité des périodes de préparation communes des enseignants font partie des éléments dictés par l'horaire. Il est important de porter attention au rythme de la journée et de déterminer si les élèves bénéficient au maximum de l'horaire en place. Les questions suivantes aideront les membres du personnel à aborder ce problème :

- Serait-il plus efficace de doubler la durée des cours ?

- Quels moments de la journée favorisent l'apprentissage et à quel escient devrions-nous les utiliser ?

- Quelles sont les aptitudes qui nécessitent une pratique quotidienne ? Lesquelles peuvent être acquises par exposition à intervalles réguliers ?

- Est-ce que nous optimisons les options disponibles pour les périodes « mortes », comme les périodes précédant et suivant les heures de cours, ainsi que l'heure du dîner ?

- L'horaire permet-il des regroupements adaptables ? À quel moment les communautés d'apprentissage professionnelles auront-elles l'occasion de se réunir ?

La plupart des écoles qui se sont engagées à maximiser la réussite de leurs élèves ont rejeté les modèles d'horaire traditionnels en faveur d'horaires qui permettent l'optimisation des occasions d'apprentissage. Certaines écoles augmentent considérablement la durée de l'enseignement magistral réservé à la lecture, à l'écriture et aux mathématiques en réduisant le temps réservé aux autres matières. Nous croyons que cette mesure est trop sévère et qu'elle est superflue. Selon nous, il est possible d'améliorer les aptitudes linguistiques et mathématiques sans sacrifier l'apprentissage des autres matières, qui sont essentielles au développement équilibré des élèves. Une cartographie du programme d'études à la fois verticale (d'un niveau à l'autre) et horizontale (d'une matière à l'autre) permet d'identifier les objectifs d'apprentissage essentiels, illustre les possibilités d'intégration de l'enseignement et fournit un « guide du programme d'études » aux enseignants pour l'évaluation de leurs élèves et la planification de leur enseignement.

La créativité permet de nombreuses innovations dans l'établissement de l'horaire scolaire. Toutefois, avant d'arriver à cette étape, le personnel doit identifier les priorités du programme d'études et les conditions d'apprentissage nécessaires, tant pour les élèves que pour les enseignants.

**6. Nos méthodes de rapport sont-elles appropriées et efficaces ?** Les outils de rapport sur la progression forment une image instantanée de la réussite de l'élève à un moment précis. Les méthodes de rapport prennent habituellement la forme de bulletins d'étape et de bulletins de fin de semestre, ainsi que de rencontres. Le but des rapports devrait être double : 1) communiquer à l'élève, aux parents et aux autres enseignants les progrès accomplis par l'élève; 2) appuyer les élèves dans l'établissement d'objectifs pour surmonter leurs difficultés et améliorer leurs résultats pour la prochaine période d'évaluation. Voici quelques questions à considérer :

- Notre communication des rapports de progression est-elle efficace ?
- Le délai de communication est-il adéquat ?
- Est-ce que nous intégrons efficacement les parents dans le processus ?

- Notre processus d'établissement d'objectifs est-il efficace ?

- Nos méthodes de rapport reflètent-elles les objectifs du programme d'études ?

- Est-ce que nous dressons un portrait complet de l'expérience scolaire de chaque élève ?

- Est-ce que nous offrons la rétroaction nécessaire aux élèves entre les périodes d'évaluation ?

Reeves (2004) a découvert que les « écoles connaissant des améliorations significatives offrent à leurs élèves une rétroaction beaucoup plus fréquente que celle habituellement offerte par les bulletins » (p. 67).

**7. Nos méthodes de reconnaissance des élèves sont-elles saines et stimulantes ?** L'apprentissage de l'élève ne se limite pas aux activités d'enseignement formelles reliées au programme d'apprentissage. Il s'effectue aussi par la participation aux activités scolaires et parascolaires ainsi que de façon fortuite dans le cadre des activités quotidiennes de l'école. La reconnaissance du développement et de la réussite des élèves doit faire partie intégrante de la culture scolaire et ne doit pas se limiter aux bonnes notes ou aux honneurs accordés pour les réussites athlétiques ou artistiques. Les élèves qui travaillent fort pour s'améliorer sont tout aussi méritoires que ceux qui obtiennent les meilleures notes. Ceux qui composent des poèmes ou travaillent au spectacle de fin d'année doivent aussi être reconnus et honorés.

Goleman (1998) maintient que l'intelligence émotionnelle a une portée beaucoup plus importante que le quotient intellectuel sur le succès en milieu de travail. L'aptitude de l'élève à communiquer, à résoudre des problèmes et à travailler en collaboration est essentielle à son succès à long terme. Ces compétences doivent être régulièrement reconnues comme étant des aptitudes scolaires.

Une culture de reconnaissance des élèves se manifeste de diverses façons : exposition des travaux et des projets des élèves, assemblées de célébration, listes d'honneur, dîner avec le directeur, et ainsi de suite. Bien entendu, la nature des pratiques de reconnaissance des élèves doit changer pour demeurer appropriée à l'âge des élèves, à mesure que ceux-ci avancent dans leur scolarité. Toutefois, l'importance de la reconnaissance des élèves demeure toujours aussi grande.

**8. La philosophie qui sous-tend notre politique disciplinaire est-elle comprise par chacun ?** Plutôt que d'utiliser l'expression « politique disciplinaire », nous préférons parler d'un « code de conduite » qui définit les directives comportementales et les responsabilités pour tous les membres de la communauté : les élèves, le personnel et les parents. Idéalement, la philosophie qui sous-tend un tel code de conduite considère la « discipline » comme une occasion d'apprentissage. Dans une telle approche, les parents et les enseignants sont perçus comme des exemples, des mentors et des accompagnateurs. L'importance de leur partenariat au soutien des élèves est décrite dans un code de conduite qui identifie clairement les moyens de communication et le processus de réponse à employer lors de problèmes de comportement. Les questions à se poser quant au code de conduite sont les suivantes :

- Est-ce qu'il respecte tout le monde ?
- Sa philosophie est-elle clairement communiquée ?

- Les limites relatives aux comportements permissibles sont-elles identifiées et communiquées ?

Des pratiques claires et intelligentes dans les domaines de la gestion du comportement, de la discipline et de la conduite personnelle ont une portée majeure sur la culture d'une école. Ces pratiques ne doivent pas être punitives ni fondées sur une hiérarchie de pouvoir; elles doivent plutôt préparer un terrain favorable à l'apprentissage de l'élève et aux relations de respect, dans un environnement sécuritaire pour tous.

**9. La philosophie qui sous-tend nos méthodes et politiques relatives aux devoirs est-elle comprise par chacun ?**
Une politique relative aux devoirs qui est bien conçue aide les élèves à s'organiser, à assumer la responsabilité de leur apprentissage et à continuer cet apprentissage après la journée scolaire. Une politique relative aux devoirs peut incorporer diverses directives, notamment :

- Les devoirs à la maison doivent constituer un travail significatif portant sur les objectifs de base du programme d'études. Si les devoirs sont suffisamment importants pour être distribués, ils le sont suffisamment pour que tous les élèves les complètent.

- L'âge des élèves doit guider le type de devoirs attribué. Il n'est pas raisonnable de donner à de jeunes enfants de longs devoirs, bien qu'il soit raisonnable de s'attendre à ce qu'ils pratiquent régulièrement la lecture ou les mathématiques à la maison. Les enseignants peuvent encourager les parents d'enfants plus jeunes à appuyer leur apprentissage en leur faisant faire de la lecture, établir l'itinéraire d'un voyage ou comparer des prix à l'épicerie.

- Les devoirs doivent offrir aux élèves l'occasion de s'exercer et de consolider leur apprentissage de nouveaux sujets. Les élèves doivent être en mesure de compléter ce genre de devoirs de manière autonome. Il est important de s'assurer qu'ils comprennent le contenu avant de tenter de faire un devoir à la maison portant sur celui-ci, afin qu'ils ne mettent pas des erreurs en pratique.

- Les notes d'un élève doivent refléter sa maîtrise du contenu, et non pas l'achèvement des devoirs. Si un élève n'est pas capable de finir un devoir, il est important d'en découvrir le pourquoi. Est-ce qu'il y a eu une interruption imprévue à la maison qui l'a empêché de le terminer ? L'élève était-il vraiment « coincé » et incapable de continuer ? Peu importe la raison, on doit élaborer une solution de rechange pour que l'élève termine le devoir en question. L'évaluation de l'achèvement des devoirs doit être placée sous la rubrique des « habitudes de travail ». Elle ne doit aucunement affecter la note attribuée dans la matière correspondante.

- Les enseignants doivent se coordonner pour l'attribution des gros devoirs dans les différentes matières, afin d'éviter de surcharger l'élève.

**10. Notre politique relative à l'assiduité favorise-t-elle l'apprentissage des élèves ?** Une politique d'assiduité efficace optimise le temps passé à l'école et reconnaît que les absences sont parfois inévitables. Les circonstances individuelles de l'élève sont parfois hors de son contrôle et il faut en tenir compte. Par exemple, les problèmes de santé ou les situations familiales difficiles peuvent faire obstacle à l'assiduité.

« L'apprentissage pour tous, par tous les moyens » suggère que l'engagement à établir et à maintenir un lien solide entre l'élève et l'école est d'une importance capitale. L'assiduité est un puissant indicateur du succès de l'élève, tout comme son attitude, son comportement et son rendement. Lorsque l'assiduité devient problématique, il est probablement temps de s'attarder aux indicateurs de réussite de l'élève à l'école. Le maintien d'un lien solide entre l'élève et l'école doit être prioritaire, parce que l'élève risque de ne jamais revenir à l'école si ce lien est brisé. Le counseling ou le tutorat individuel peut s'avérer nécessaire pour aider les élèves à maintenir ce lien avec l'école.

Danielson (2002) croit fermement que le but des politiques et des pratiques de l'école doit être l'atteinte des objectifs de base du programme d'études par l'élève, ainsi que le soutien de son développement global en tant qu'individu : « Dans une école véritablement dévouée à l'apprentissage, il n'y a pas de place pour des politiques punitives, qui éloignent les élèves ou qui minent leur confiance en eux-mêmes » (p. 51). Nous appuyons sans hésiter cette prise de position.

## Deuxième domaine : harmonisation du programme d'études

---

### Harmonisation des trois aspects du programme d'études

1. Le programme *visé*
2. Le programme *enseigné*
3. Le programme *évalué*

---

Lezotte et McKee (2002) identifient trois aspects du programme d'études à chaque niveau de toute discipline donnée : le programme d'études visé, le programme qui est enseigné et le programme qui est évalué. Lorsque l'harmonie entre les trois est déficiente, il en résulte un échec de l'élève. Toutefois, lorsqu'ils sont bien alignés, toutes les chances sont présentes pour la réussite de l'élève. Selon Lezotte et McKee, les normes de la province ou de l'État et les attentes des intervenants se rejoignent « comme les deux affluents d'une rivière qui se fusionnent pour former le programme d'études visé » :

> Lorsque l'harmonie du programme d'études est déficiente, le programme évalué se retrouve sur une rive et le programme enseigné sur l'autre rive : nos élèves finissent par « manquer le bateau ». Lorsque le programme d'études est correctement aligné, tous se retrouvent « dans le même bateau », en route vers le succès des élèves ! (p. 142)

Marzano (2003) parle d'un « programme d'études viable et garanti » dans lequel les occasions d'apprentissage représentent un facteur dominant du succès de l'élève (p. 23). Un programme viable et garanti décrit le contenu que les enseignants doivent aborder dans le temps qui leur est imputé. Avec l'ajout, ces derniers temps, d'une grande quantité de nouveau contenu, le temps est devenu un grave problème pour les enseignants. Étant donné qu'il n'y a tout simplement pas suffisamment de temps pour « couvrir » adéquatement tout le contenu des nouveaux programmes d'études, la seule solution qui reste aux enseignements est de mettre en pratique l'« abandon sélectif ». Cela consiste à décider ce qu'ils n'enseigneront pas et, pour y parvenir, à développer un processus qui leur permet d'identifier le contenu essentiel et d'éliminer tout ce qui est superflu. DuFour et Eaker (1998) appellent ce processus l' « addition par soustraction ». « En éliminant certains des sujets au programme, écrivent-ils, l'école renforce sa capacité d'aider les élèves à maîtriser les connaissances et aptitudes essentielles » (p. 166).

### L'abandon sélectif du contenu : qui en décide ?

Les enseignants, par la collaboration, sont les mieux placés pour identifier le contenu essentiel et les objectifs du programme. Ce sont des professionnels formés qui, au bout du compte, auront la charge d'aider les élèves à atteindre les résultats visés du programme d'études. Lorsqu'ils s'engagent dans l'activité clé, soit la collaboration, afin de développer les trois aspects du programme d'études, leur expérience et leur formation entrent en jeu. Il est crucial qu'ils détiennent l'autorité nécessaire pour prendre les décisions importantes, pour lesquelles ils seront, en fin de compte, responsables. Les normes de la province ou de l'État, ainsi que celles qui ont été déterminées localement, forment la base même de ce processus de prise de décision.

### Caractéristiques clés du processus d'harmonisation du programme d'études

**Commencer en pensant à la fin.** Nous empruntons ce principe de Stephen Covey (1989), qui l'identifie comme étant une habitude importante pour les personnes et les organisations les plus efficaces. Garder cette habitude en tête au sein du contexte de l'harmonisation du programme d'études résulterait en un processus de collaboration que Lezotte et McKee (2002) appellent une « cartographie vers l'arrière », qui permet d'identifier les connaissances et les aptitudes requises à chaque niveau pour préparer les élèves au niveau suivant. DuFour et Eaker (1998) parlent d'intégrer les élèves, les parents et les enseignants dans l'identification des « connaissances, aptitudes et attitudes particulières que les élèves devront acquérir au terme de leur scolarité » (p. 157). Marzano (2003) aborde la question quelque peu différemment et parle d'« identifier et communiquer le contenu considéré comme étant essentiel à tous les élèves, plutôt que le contenu qui est considéré comme supplémentaire ou nécessaire uniquement pour ceux qui poursuivent des études post-secondaires » (p. 25).

L'objectif principal de cet élagage consiste donc à identifier et à énumérer ce que les élèves devraient savoir et être en mesure de faire. Par ailleurs, les séquences de développement permettent d'assurer le progrès scolaire des élèves à chaque étape comme résultat de l'harmonisation du programme visé, du programme enseigné et du programme évalué. Quand le contenu essentiel de l'apprentissage est identifié pour chaque niveau, un continuum s'établit et le progrès continu des élèves individuels devient un but réaliste.

**Collaborer pour l'harmonisation.** La participation des enseignants à l'harmonisation du programme d'études facilite la prise de décisions communes quant à ce que les élèves devraient savoir et être en mesure de faire. De telles décisions en collaboration offrent aux enseignants des lignes directrices dans leur travail auprès des élèves. Marzano (2003) nous dit que la recherche a démontré qu'« il est fréquent que les enseignants prennent des décisions indépendantes et uniques à leur situation relativement à ce qui devrait être couvert et dans quelle proportion » (p. 23). Cette pratique entraîne souvent de larges écarts entre ce qui est enseigné et ce qui est évalué. Par conséquent, le rendement en est affecté. Marzano nous prévient que « si les élèves n'ont pas l'occasion d'apprendre le programme qu'on attend d'eux, il y a peu de chances qu'ils y arrivent » (p. 24). Ce point de vue semble si évident qu'on se demande pourquoi il est si souvent mal compris.

Les enseignants qui travaillent au sein d'une communauté d'apprentissage professionnelle sont les mieux placés pour examiner les normes existantes en vue de décider lesquelles feront partie du « contenu essentiel » dans un programme d'études donné. Le résultat de l'identification du contenu essentiel est la définition du ***programme visé.*** Une fois cette tâche accomplie, on peut développer les indicateurs de rendement, ou les repères, qui définissent la réussite, et choisir les méthodes pédagogiques qui permettront aux élèves d'atteindre ces repères De plus, le contenu peut être développé en séquences afin de donner aux élèves les occasions et le temps nécessaires pour atteindre les normes identifiées ou d'acquérir le contenu essentiel. Ces séquences d'apprentissage définissent le ***programme enseigné.***

Une évaluation adéquate et fréquente est cruciale pour s'assurer que les élèves atteignent réellement les repères visés. Une évaluation qui fournit à la fois des renseignements formatifs et sommatifs est vitale aux enseignants afin d'harmoniser le programme *visé* et le programme *enseigné.* Ces renseignements aident les enseignants à ajuster et à affiner leurs stratégies d'enseignement afin que les élèves réussissent dans le ***programme évalué.***

Heidi Hayes Jacobs (1997) a mis au point une stratégie de « cartographie du programme d'études » pour soutenir son harmonisation. Cette cartographie fournit deux « objectifs » différents, comme l'explique Jacobs, pour l'observation du programme : « un objectif avec zoom pour voir de près le programme de l'année en cours pour un niveau particulier et un objectif grand angle pour voir toute la perspective de la maternelle à la douzième année » (p. 3). L'avantage de ces deux perspectives est qu'elles offrent des données sur :

- les écarts et les répétitions du contenu du programme au même niveau et d'un niveau à l'autre;

- les domaines concurrents et les écarts entre le programme local et les normes de la province ou de l'État;

- les grandes idées ou concepts qui sont transférables dans le temps (d'un niveau à l'autre, d'un sujet à l'autre, dans le « vrai monde »);

- les différentes méthodes d'évaluation utilisées pour évaluer le travail des élèves.

La cartographie du programme d'études offre une précieuse source de renseignements dont les enseignants doivent tenir compte lorsqu'ils identifient les connaissances et aptitudes qu'ils attendent des élèves. Elle constitue également une référence utile pour les enseignants dans la planification du déroulement de l'enseignement, car elle leur permet de relier les différents niveaux dans le continuum des objectifs essentiels.

Il est vrai que le travail en collaboration pour déterminer le contenu essentiel et ses repères, ainsi que les stratégies et méthodes d'enseignement, nécessite de la part des enseignants qu'ils abandonnent une partie de leur autonomie. Toutefois, les résultats des élèves seront à ce point améliorés que les avantages l'emportent de beaucoup sur les désavantages. Comme nous avons pu le constater au chapitre 1 avec les réussites du personnel des écoles Sacred Heart et Monticello, les avantages de ce genre de collaboration sont faciles à reconnaître. Bien entendu, le défi consiste à s'assurer que tous les enseignants abordent réellement le contenu essentiel, parce que c'est seulement de cette façon qu'on peut garantir un programme d'études viable qui harmonise le programme visé, enseigné et évalué.

## Troisième domaine : méthodes d'enseignement

Chacun bénéficie de la collaboration des enseignants dans la planification et la mise en œuvre du programme d'études. Les élèves bénéficient de l'enseignement stratégique qui en résulte; les enseignants bénéficient des interactions collégiales qui rehaussent leurs aptitudes en tant que pédagogues. L'objectif premier de la collaboration des enseignants dans la planification de l'enseignement est que tous les élèves, à tous les niveaux, maîtrisent le contenu essentiel. Cette méthode de travail empêche les enseignants individuels de se croire uniquement responsables d'un groupe d'élèves discret. Des méthodes d'évaluation de qualité, utilisées dans un cadre de collaboration, permettent aux enseignants d'évaluer ce que les élèves savent avant même de s'engager dans des activités d'apprentissage, ainsi que les connaissances acquises suite à cet apprentissage. Il est inutile de tenir compte du contenu « enseigné » si les élèves ne l'ont pas appris ! Une structure où les enseignants travaillent en équipes est beaucoup plus adaptable pour les regroupements d'élèves et l'enseignement différencié. La planification de l'enseignement tiendra compte du fait que de répondre aux besoins de tous les élèves est un travail complexe requérant une compréhension approfondie à la fois du programme d'études et du processus d'apprentissage. Nous tenons compte de quatre « liens d'enseignement » qui seront utiles à ce travail.

---

**Liens d'enseignement**

- Aptitudes de base/aptitudes conceptuelles
- Stratégie/style
- Apprentissage enseignant/élève
- Enseignement/évaluation

---

**Connaissance du programme d'études : le lien entre les aptitudes de base et les aptitudes conceptuelles.** Danielson (2002) suggère qu'une planification réussie de l'enseignement tient compte du fait que les activités d'apprentissage se divisent en deux types distincts d'aptitudes : les aptitudes de base et les aptitudes conceptuelles (p. 93). Une cartographie du programme d'études, telle que décrite par Heidi Hayes Jacobs (1997), offre la structure nécessaire à l'identification des aptitudes et à la planification de leur enseignement, aussi bien dans le domaine des aptitudes de base et celui des aptitudes conceptuelles.

Du point de vue de Danielson, la planification de l'enseignement des aptitudes de base doit garantir ce qui suit :

- Chaque élève est placé avec précision dans le continuum de l'apprentissage. Le fait que des élèves soient âgés de 10 ans et qu'ils soient en cinquième année ne signifie pas que tous sont prêts à apprendre le contenu de la cinquième année (ou qu'ils ont encore besoin de l'apprendre). Une évaluation précise des aptitudes des élèves afin de déterminer leur place dans le continuum d'apprentissage facilite un progrès continu.

- Les élèves sont alors confiés aux groupes d'enseignement appropriés selon leur place dans le programme d'études.

- Des structures adaptatives permettent l'affectation d'élèves à différents groupes d'enseignement, à mesure que leurs besoins changent.

La planification en équipe de l'enseignement des aptitudes conceptuelles pose les exigences suivantes aux enseignants :

- Organiser le programme d'études suivant de larges thèmes afin d'aider les élèves à approfondir les grands sujets et à identifier des points communs ou des tendances.

- Intégrer les aptitudes de base tout au long du programme d'études. Par exemple, les aptitudes de rédaction d'exposé apprises dans le cours de langue peuvent être appliquées à la rédaction de rapports en sciences ou en histoire.

- Intégrer les aptitudes de raisonnement critique tout au long du programme d'études. De telles aptitudes comprennent la classification, la comparaison et le contraste, la reconnaissance de similarités, la synthèse et l'évaluation.

**Enseignement différencié : le lien entre la stratégie et le style.** Carol Ann Tomlinson a écrit de nombreux ouvrages dans lesquels elle identifie des stratégies pour répondre aux besoins de tous les élèves au moyen de l'enseignement différencié. Dans son allocution à la conférence annuelle de l'ASCD en 2003, elle a identifié des principes d'enseignement de qualité qui, selon elle, comptent encore davantage que les stratégies d'enseignement différencié. Les principes qu'elle identifie comprennent notamment :

- Un engagement au développement et au soutien des élèves afin qu'ils se voient eux-mêmes sous un meilleur jour

- La conviction de la nécessité de favoriser le dépassement pour tous les élèves et de leur donner un sentiment de réussite

- Un sens de communauté, où chaque élève sait qu'il ou elle a quelque chose de particulier à apporter à la population scolaire

- Une détermination à créer un programme d'études solide, basé sur une mission bien définie

- Un lien symbiotique avec l'évaluation

- La conviction que le programme d'études doit offrir à tous les élèves « un tremplin, et non une porte de sortie »

Les connaissances disponibles sur la mise au point d'expériences d'apprentissage qui font correspondre les stratégies d'enseignement aux styles d'apprentissage des élèves sont aujourd'hui si abondantes, que la diversification comme moyen d'aborder le stade d'apprentissage, les talents et les intérêts des élèves est facilement abordable. La recherche et les conseils pratiques abondent dans ce domaine pour aider les enseignants à établir le lien entre la stratégie et le style.

La clé de la différenciation de l'enseignement est la rotation des stratégies pédagogiques afin d'aborder les différents styles d'apprentissages et d'inviter les élèves à apprendre de plusieurs façons. Les groupes adaptatifs permettent aux élèves dont les styles d'apprentissage ou les besoins d'enseignement sont similaires de travailler ensemble pour certaines périodes de temps. Que les élèves éprouvent des difficultés ou recherchent un défi supplémentaire, le lien entre la stratégie et le style permet d'offrir un enseignement individualisé. Le défi que représente la différenciation pour les éducateurs consiste à apprendre la théorie du lien entre la stratégie et le style, à évaluer leurs élèves avec précision, puis à planifier l'intégration de la différenciation dans leur méthode d'enseignement.

**Formation du personnel : le lien entre l'apprentissage de l'enseignant et celui de l'élève.** La formation du personnel dans le cadre de la communauté d'apprentissage professionnelle offre des avantages cruciaux. Les enseignants apprennent les uns avec les autres et les uns des autres au moyen d'activités d'exploration et de recherche active visant à améliorer la réussite des élèves en améliorant l'enseignement. Ce genre de formation professionnelle cible d'abord et avant tout les connaissances et les résultats des élèves.

Le développement professionnel collégial, toutefois, se concentre sur l'amélioration des aptitudes professionnelles des enseignants. Bien que les élèves en bénéficient au bout du compte, l'objectif de ce genre de formation professionnelle consiste à augmenter les connaissances des enseignants et leur compétence. Ces deux styles de formation professionnelle sont distincts, mais aucun n'est supérieur à l'autre. Ils ont tous deux des objectifs différents et sont également importants.

On retrouve une abondance de conseils relatifs au développement professionnel. Marzano (2003) identifie les éléments clés de la planification des leçons. Wiggins et McTighe (1998) ont développé un gabarit de compréhension (« Understanding by Design ») qui « encourage les élèves à explorer davantage et à approfondir leur compréhension des idées importantes et permet de concevoir des méthodes d'évaluation visant à révéler la portée de cette compréhension » (p. 3). Howard Gardner parle des différents types d'intelligence et explique comment chacun est « intelligent » à sa façon. Les conséquences de l'enseignement fondé sur les aptitudes des élèves selon les différents types d'intelligence sont très importantes. Eric Jensen (1998) et Patricia Wolfe (2001) sont des gourous de l'apprentissage cérébral et donnent des conseils sur l'utilisation des connaissances actuelles à propos du cerveau pour offrir un enseignement optimal. Art Costa et Bena Kallick (2000) élaborent sur les habitudes de l'esprit, alors que Silver et Strong (2003) présentent un inventaire des styles d'apprentissage qui décrit les préférences d'apprentissages à prendre en compte lors de la planification de l'enseignement.

La liste d'exemples ci-dessus, bien que loin d'être exhaustive, est représentative du vaste répertoire d'aptitudes, de connaissances et de compétences requises de la part des enseignants. Les enseignants efficaces ont une large gamme de stratégies et ils savent comment et quand les utiliser. Un programme de formation professionnelle solide et ciblé doit honorer la complexité du processus d'apprentissage et appuyer les enseignants dans l'atteinte de leur potentiel professionnel. Au bout du compte, ce sont les élèves qui en bénéficient.

**Apprentissage : le lien entre l'enseignement et l'évaluation.** L'enseignement et l'évaluation sont inextricablement liés. Il existe de nombreuses formes de méthodes d'évaluation et chacune est appropriée dans des circonstances particulières. L'évaluation externe est celle qui est imposée par les examens de la province ou de l'état. Les méthodes d'évaluation à l'échelle de la classe ou de l'école se présentent sous une variété de formes allant des examens écrits aux entrevues et à l'observation, en passant par les tâches d'évaluation authentiques qui mettent les élèves en situation, comme dans la « vraie vie ». Les rubriques sont un ajout relativement récent au tableau des évaluations et peuvent offrir une riche source de renseignements sur les progrès individuels et collectifs des élèves. Les rubriques sont des critères établis en collaboration et rédigés, selon lesquels le rendement ou les documents produits par les élèves sont évalués. Différentes normes de compétence y sont identifiées et la qualité du travail démontré à chaque niveau est clairement indiquée. Le développement des rubriques offre un cadre de travail utile aux discussions entre enseignants et élèves sur les normes de rendement ou repères de réussite.

Mike Schmoker (1996) a identifié trois raisons justifiant l'emploi de l'évaluation par rubrique, paraphrasées comme suit :

1. Les rubriques définissent clairement un bon rendement et démontrent que celui-ci est réaliste.

2. Les rubriques définissent les critères d'évaluation avec précision et clarté.

3. Les rubriques abolissent le mystère de l'apprentissage en renseignant les élèves sur la façon dont ils seront évalués. (p. 71)

Les rubriques rendent l'évaluation plus équitable en donnant à la fois aux élèves et aux enseignants des renseignements clairs sur les critères d'évaluation. Elles facilitent tant la réflexion des élèves sur leur propre rendement que l'établissement d'objectifs d'amélioration. Rick Stiggins, directeur de l'*Assessment Training Institute* à Portland, en Oregon, a fait de l'étude des méthodes d'évaluation équitables une priorité de son travail. DuFour et Eaker (1998) citent les cinq normes d'une bonne méthode d'évaluation identifiées par Stiggins et ses associés :

**Norme 1** : une méthode d'évaluation de qualité se fonde sur les connaissances et les aptitudes clairement définies que l'on s'attend à voir maîtrisées par les élèves.

**Norme 2** : une méthode d'évaluation de qualité est conçue pour offrir aux enseignants les données dont ils sont besoin pour renseigner et améliorer leurs méthodes d'enseignement.

**Norme 3** : un programme d'évaluation de qualité fournit des renseignements qui profiteront aux enseignants, aux élèves, aux parents et à la collectivité. Les enseignants ont besoin de données sur le rendement de chacun de leurs élèves. Les élèves ont besoin de savoir comment leur rendement se compare aux repères. Les parents ont besoin de savoir comment vont leurs enfants, et la collectivité a besoin de données sur l'efficacité collective de ses écoles.

**Norme 4** : une méthode d'évaluation de qualité offre suffisamment de données sur les élèves pour permettre de tirer des conclusions sur la réussite globale de la population étudiante.

**Norme 5**: une méthode d'évaluation de qualité est conçue, développée et utilisée de manière à minimiser les facteurs pouvant nuire à la précision des résultats. De tels facteurs pourraient notamment comprendre une mauvaise structure d'examen, un mauvais alignement avec le programme d'études visé, des questions d'examen reflétant de la discrimination raciale, ethnique ou sexuelle, ou encore un environnement d'évaluation qui ne favorise pas la concentration. (p. 174)

Nous reconnaissons que la tâche est difficile face aux examens normalisés externes. Nous croyons toutefois que si les écoles combinent un programme d'études bien harmonisé avec un enseignement diversifié et des méthodes d'évaluation de qualité, les résultats des évaluations externes parleront d'eux-mêmes.

## Quatrième domaine : participation des parents

La recherche sur les écoles efficaces identifie les relations positives entre l'école et la maison comme l'un de ses sept corrélats. Une collaboration proactive et positive avec les parents et les autres adultes qui font partie intégrante de la communauté scolaire a une portée puissante sur la réussite de l'élève.

Marzano (2003) cite la participation des parents et de la collectivité comme le troisième facteur scolaire appuyant la réussite scolaire des enfants. La réussite, dit-il, « se rapporte au niveau de soutien et de participation des parents (en particulier) et de la collectivité (en général) dans l'école » (p. 47). Nous avons identifié trois fonctions importantes des relations entre l'école et les parents ou la collectivité :

1. Communication et collaboration
2. Participation à la vie scolaire
3. Consultation

**Communication et collaboration.** En travaillant ensemble, les enseignants et les parents peuvent soutenir chaque enfant dans son apprentissage et son développement en tant qu'individu. Les parents sont les premiers enseignants d'un enfant et, en tant que tels, sont des partenaires précieux pour les enseignants. Ils ont des opinions sur la personnalité et les habitudes d'apprentissage de leurs enfants qui peuvent aider les enseignants à mieux connaître et comprendre ces élèves, plus rapidement. Les enseignants peuvent également offrir un soutien précieux aux parents, car ils voient les enfants évoluer dans un cadre différent et peuvent renseigner les parents sur les domaines où leur appui est nécessaire pour la continuité du développement et de l'apprentissage. Si les parents savent ce que leurs enfants apprennent à l'école, ils peuvent étendre et renforcer cet apprentissage par des activités à la maison. La clé de ce partenariat est une communication efficace.

Les écoles ont plusieurs moyens à leur disposition pour communiquer avec les parents et les tuteurs des élèves. Bulletins d'information, appels téléphoniques, courriels, pages Web, visites à domicile, survols du programme d'études, rencontres parents-enseignants, rapports de progression et bulletins ne sont que quelques-uns de ces moyens de communication. Des soirées de rencontre des enseignants et des assemblées spéciales d'information aux parents offrent d'autres moyens de communiquer. La consultation avec les parents, le personnel et la collectivité permettront d'identifier la fréquence et les méthodes de communication à privilégier pour chaque communauté scolaire.

**Participation à la vie scolaire.** Les parents et les membres de la collectivité possèdent une vaste gamme d'aptitudes et de compétences pouvant contribuer au milieu scolaire. Les bénévoles peuvent apporter un soutien direct en classe, en travaillant individuellement avec les élèves ou en petits groupes. Ils peuvent aussi appuyer les enseignants en prenant la responsabilité

---

### Six rôles pour l'interaction entre l'école et la maison
(Epstein, 2001)

1. **Parentage** : Aider toutes les familles à établir un environnement à domicile qui soutienne les enfants en tant qu'élèves.

2. **Communication** : Concevoir des moyens de communication efficaces de l'école vers la maison et de la maison vers l'école au sujet du programme d'études et des progrès des enfants.

3. **Bénévolat** : Recruter et organiser les participants de l'aide et du soutien aux parents.

4. **Apprentissage à la maison** : Offrir aux familles de l'information et des idées sur la façon d'aider les élèves avec leurs devoirs et autres activités, décisions et activités de planification.

5. **Prise de décisions** : Faire participer les parents aux décisions scolaires et former des leaders et des représentants des parents.

6. **Collaboration avec la collectivité** : Identifier et intégrer les ressources et services de la collectivité pour renforcer les programmes scolaires, les méthodes familiales et le développement et l'apprentissage de l'élève.

---

de diverses tâches : préparation du matériel de soutien péda-gogique, affichage du travail des élèves, organisation de sorties éducatives ou d'événements spéciaux, et ainsi de suite. Les pa-rents eux-mêmes sont d'excellentes ressources d'apprentissage.

Ils peuvent contribuer en tant que conférenciers, ou encore faciliter les expériences d'apprentissage communautaires par des visites de musées, d'usines, de restaurants, de zoos ou d'autres endroits intéressants. Les occasions de travail communautaire par les élèves se veut un autre portail par lequel les parents et autres membres de la collectivité peuvent participer.

L'association parents-instituteurs locale offre une autre arène de participation. La participation à ce type d'association peut grandement aider l'école par diverses activités : programmes de déjeuner ou de dîner, brigades de sécurité, collectes de fonds pour soutenir les activités scolaires, les projets et les ressources, et ainsi de suite. Non seulement une telle participation allège-t-elle le fardeau du personnel, mais appuie aussi la culture de l'école et complémente sa base de ressources.

**Consultation.** Les parents et autres membres intéressés de la collectivité ont beaucoup à apporter à la définition des valeurs, de la vision et de l'intention de l'école. Une consultation à grande échelle qui comprend tous les intervenants (personnel, élèves, parents, membres intéressés de la collectivité) est cruciale pour qu'une école puisse servir efficacement sa communauté.

Le processus de consultation est également très utile au moment de réviser les structures, politiques et méthodes scolaires. Il est important que les parents aient l'occasion d'aider l'école à identifier ce qui est important pour leurs enfants. Leur rétroaction et leur point de vue sur le fonctionnement de l'école relativement aux valeurs et à la vision adoptées est une source de données probantes utiles à la planification du processus de réussite.

Bien que le personnel de l'école soit le premier responsable de la réflexion sur les données probantes, de l'établissement des objectifs et de l'élaboration du plan scolaire, les parents ont un rôle important à jouer dans la surveillance et le soutien de sa mise en œuvre. L'équipe de gestion de la réussite scolaire, établie au cours de la phase de mise en œuvre du programme de planification pour la réussite, offre un excellent mécanisme de participation pour les parents. Cette participation leur permet de soutenir le personnel et de communiquer avec la collectivité à mesure que le plan est mis en œuvre.

Lorsque les parents et les membres de la collectivité sont intégrés à la vie scolaire de manière respectueuse et authentique, des relations interpersonnelles positives et des moyens de communication efficaces peuvent être développés afin de soutenir tous les intervenants lors de conflits, car ceux-ci surviennent inévitablement. Le résultat de l'attention portée à ce corrélat particulier aura aussi un impact positif sur les six autres. La participation des parents est une stratégie à rendement élevé.

## Résumé

À ce point du processus, les paroles d'Oliver Wendell Holmes, auteur et médecin, sont plus que jamais porteuses d'inspiration :

> Je pense que la plus grande chose qui soit en ce monde n'est pas tant l'endroit où nous sommes que la direction dans laquelle nous avançons. Pour atteindre la porte du ciel, nous devons parfois voguer avec le vent et parfois contre lui, mais nous devons naviguer, et non dériver ni rester à l'ancre.

Les membres des communautés d'apprentissage professionnelles collaborent ensemble à l'identification de stratégies à rendement élevé pour atteindre leurs objectifs. La planification de l'amélioration demande d'agir. Et lorsque l'on passe à l'action, le soutien et le suivi sont nécessaires. Le chapitre 10 porte sur ce processus de mise en œuvre.

# *Chapitre 10*

# Mise en œuvre

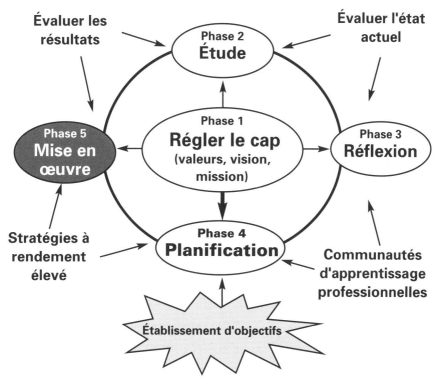

Le processus de planification pour la réussite de l'école et des élèves a pour résultat l'établissement d'objectifs et une planification visant l'amélioration. C'est au cours de la phase de mise en œuvre du processus que ces changements planifiés deviennent réalité. À cette étape, le véritable impact du changement et les attentes de responsabilité qui l'accompagnent commencent à se faire sentir. Lezotte et McKee (2002) écrivent : « Le changement est simple (. . .) seulement, il n'est pas facile ! » (p. 199). Nous sommes tout à fait d'accord.

## L'amibe et la route

Wayne Hulley compare le processus d'amélioration scolaire à tenter de « faire traverser la route à une amibe ». Les amibes sont des organismes unicellulaires microscopiques sans organes et qui vivent dans l'eau. Ils n'ont pas de structure squelettique et ont tendance à se scinder en deux en se déplaçant. Le travail d'amélioration scolaire se compare en effet à l'amibe, car il n'est ni statique, ni prévisible. Il évolue et change constamment en assimilant de nouvelles informations et de nouvelles connaissances, à mesure que la planification est élaborée et mise en œuvre. On peut approfondir l'analogie en comparant le processus de planification de la réussite de l'école et de ses élèves comme une structure morphologique qui soutiendrait l'amibe dans ses mouvements. Cette structure évolue à mesure que la transformation culturelle se déploie. Afin de maîtriser l'amibe, les membres du personnel scolaire doivent s'engager fermement à atteindre leur but et ils auront besoin de grandes quantités de soutien, d'encouragement et de suivi pour tenir le coup. Les valeurs et la vision communes permettront de guider le processus lorsque celui-ci prendra de la vitesse et que les inévitables difficultés apparaîtront.

Dans certains domaines, l'amélioration sera très rapide; mais un changement significatif et en profondeur prendra probablement un certain temps. C'est particulièrement vrai si ce changement requiert la transformation culturelle de l'école, ce qui est le cas pour la plupart des changements importants. Pour éviter le découragement, il peut être utile de diviser les grandes lignes de

## Conditions nécessaires à la gestion du changement
(Adapté de John Kotter, 1996)

- **Établir un sentiment d'urgence.** Des rencontres régulières avec l'équipe de gestion de la réussite scolaire permettent de revoir périodiquement les activités des CAP et de constater les résultats obtenus. Ces rencontres actualisent les attentes relatives à l'action; il en résulte un sentiment d'urgence.

- **Former un groupe directeur.** En invitant la participation des principaux intéressés dans l'équipe, on forme un groupe directeur solide.

- **Communiquer la vision de changement.** L'une des tâches les plus importantes de l'équipe consiste à communiquer le déroulement de la planification et ses résultats à la communauté scolaire.

- **Former une large base de responsabilité.** Une représentation complète de la communauté scolaire au sein de l'équipe encourage tous les intéressés à soutenir l'initiative d'amélioration. Lorsque les élèves, les parents et la direction régionale comprennent les objectifs de l'amélioration, ils sont en mesure de trouver les moyens de la soutenir.

- **Consolider les acquis et continuer le changement.** Des rencontres périodiques de l'équipe avec les CAP permettent de consolider les progrès accomplis et de définir les prochaines étapes du processus.

- **Ancrer les nouvelles approches dans la culture.** L'un des rôles principaux de l'équipe consiste à préparer un rapport annuel sur les progrès de l'école et des élèves.

l'amélioration en parties plus distinctes. Ainsi, le travail à accomplir peut être subdivisé en priorités qui le rendent plus facile à manœuvrer.

Au chapitre 8, « La planification », nous avons identifié certains défis auxquels les CAP feront face : la procrastination (le piège qui consiste à « planifier la planification »); la résistance (tenir coûte que coûte au statu quo); l'exagération (vouloir en faire trop, trop rapidement). Si la phase de planification du processus a été réalisée correctement, le personnel de l'école est maintenant prêt à entamer la phase de mise en œuvre. Guidés par une intention commune, forts de leur étude des données probantes et confiants dans la valeur des objectifs qu'ils se sont fixés, les membres du personnel travaillant en communautés d'apprentissage professionnelles auront choisi les stratégies à rendement élevé nécessaires pour atteindre ces objectifs. Les phases précédentes du processus de planification pour la réussite auront permis d'établir la structure de soutien nécessaire pour permettre à l'« amibe » de poursuivre son chemin sur la route du succès.

Ce chapitre guide le travail de l'équipe de gestion de la réussite scolaire, afin d'élaborer le plan d'action officiel et sa mise en œuvre, ainsi que le pourquoi et le comment du processus de suivi.

## L'équipe de gestion de la réussite scolaire

Nous avons décrit l'équipe de gestion de la réussite scolaire au chapitre 4, dans le cadre du leadership de l'amélioration scolaire. Le rôle de cette équipe consiste à soutenir la mise en œuvre de la planification de l'école et à en faire le suivi. En outre, la communication est une des fonctions essentielles de l'équipe.

Elle réunira régulièrement, par exemple toutes les deux semaines, des représentants de chacune des communautés d'apprentissage professionnelles, afin que ceux-ci puissent faire état de leurs objectifs, de leur travail, de leurs progrès et de leur demandes de soutien. L'équipe de gestion de la réussite scolaire est également responsable de communiquer le processus de planification aux divers groupes de la communauté scolaire et de préparer un rapport annuel résumant son évolution. L'objectif premier de ce rapport est d'informer le personnel et la collectivité des progrès accomplis vers les objectifs du plan de l'école. Certaines écoles préparent également un résumé du rapport, qu'elles distribuent au public. L'équipe de gestion de la réussite scolaire peut également prendre en main la préparation des rapports obligatoires aux autorités régionales, provinciales ou de l'État.

## Élaboration du plan d'action officiel

Le plan d'action officiel de l'école sera composé des objectifs fixés par les diverses communautés d'apprentissage professionnelles de l'école. Entre autres, il décrira les objectifs de caractère et de compétence, la planification établie pour les atteindre et les méthodes employées pour en faire le suivi.

Un plan efficace portera sur des aspects importants pour l'école et la direction régionale. Bien que le plan de chaque école soit unique à sa situation, les objectifs des différentes écoles d'un district ou d'une commission scolaire doivent être alignés avec ceux de la direction régionale, ainsi qu'avec ceux de la province ou de l'État. Divers modèles peuvent être utilisés pour la rédaction du plan. Peu importe le format choisi, le plan de l'école doit être conçu de manière à répondre aux exigences de responsabilité dévolues aux pédagogues d'aujourd'hui. Le plan doit se présenter sous une structure professionnelle et faire comprendre à tous ses lecteurs que l'école a une vision claire de l'avenir qu'elle se réserve.

Le plan de l'école peut notamment inclure les cinq sections suivantes :

1. Profil de l'école
2. Processus de planification
3. Énoncés de valeurs, de vision et d'intention
4. Objectifs de planification de l'école
5. Structures et stratégies planifiées

On retrouvera ci-dessous une liste de questions visant chacune de ces sections. Les réponses obtenues seront utiles à la rédaction du plan par le personnel de l'école.

### Profil de l'école

- Comment pouvons-nous décrire avec précision la population étudiante de l'école ? Par exemple, doit-on décomposer les données selon le sexe, le nombre d'élèves par niveau scolaire, l'appartenance ethnique ou raciale, la langue parlée à la maison, le statut socio-économique ou la structure familiale ?

- Comment peut-on décrire les membres du personnel avec précision (expérience, formation, poste, c'est-à-dire enseignant, pédagogue spécialisé, aide-enseignant, administrateur, personnel de soutien) ?

- Comment l'école peut-elle décrire ses niveaux scolaires et ses programmes d'éducation spécialisée ?

### Processus de planification

- Qui a participé à la planification ?

- Quel est le processus de planification suivi ?

- Comment les décisions ont-elles été prises ?

- À quelle fréquence les réunions avaient-elles lieu ?

### Énoncés de valeurs, de vision et d'intention

- Quelles sont les priorités du personnel de l'école ?

- Qu'est-ce que le personnel souhaite réaliser ?

- Quelle est la raison d'être de l'école ? Qu'est-ce qui compte le plus pour les élèves, les parents, le personnel de l'école et la collectivité en général ?

### Objectifs de planification de l'école

Cette section est une compilation des objectifs identifiés par le personnel dans son ensemble et les diverses communautés d'apprentissage professionnelles. Les questions qui s'y rapportent portent à la fois sur les objectifs de compétence et les objectifs de caractère.

- Comment les objectifs de l'école sont-ils alignés avec ceux de la direction régionale et ceux de la province ou de l'État ?

- Les objectifs sont-ils rédigés en termes clairs et décrivent-ils le résultat visé ? L'application du modèle SMART garantit que ces objectifs sont stratégiques et spécifiques, mesurables, atteignables, axés sur les résultats et limités dans le temps. Si les objectifs n'incluent pas une description des résultats visés, ils ne sont pas suffisamment précis.

### Structures et stratégies planifiées

- Quelles seront les stratégies à rendement élevé employées ?

- Comment seront-elles mises en œuvre ?

- Qui sera responsable de leur application ?

- Quels seront les indicateurs de réussite pour chacun des objectifs ?

- Quelles seront les données probantes recueillies pour mesurer les progrès accomplis en vue de ces objectifs ?

- À quelle fréquence ces progrès seront-ils mesurés ?

- Comment seront-ils communiqués ?

- Comment déterminera-t-on les modifications à apporter, le cas échéant ?

- Comment déterminera-t-on que du soutien supplémentaire est requis et comment sera-t-il fourni ?

**Le processus de mise en œuvre**

Tout au long de cet ouvrage, nous avons souligné l'importance de l'entière participation du personnel dans le processus de planification pour la réussite de l'école et des élèves. Si c'est le cas, personne n'aura de mauvaise surprise lors de la rédaction du plan d'action officiel de l'école. Il va sans dire que certains membres du personnel ne seront pas aussi engagés que les autres envers le processus; cependant, il est essentiel que chacun ait l'occasion de donner son point de vue sur le plan pour qu'au bout du compte, tous sachent ce qu'il contient, comment on en est arrivé là et ce que cela signifie pour eux.

Le plan de l'école reflète les énoncés de valeurs, de vision et d'intention communes qui ont été élaborés par l'école. Leur rédaction n'a pas nécessairement bénéficié de l'apport de tous les membres du personnel, mais ils contribueront de façon significative à la communication des attentes. La communication du plan de l'école par l'équipe de gestion de la réussite scolaire est un message clair sur les priorités de l'école qui sera apprécié par tous les groupes intéressés dans la communauté scolaire.

On peut s'attendre à ce que le processus de mise en œuvre lui-même pose certains défis. C'est au cours de cette phase que l'impact de la planification pour l'amélioration se fera véritablement sentir. C'est aussi à cette étape que le processus de changement s'effectue et que les enseignants sont les plus vulnérables à la tentation de revenir aux anciennes habitudes et au confort des structures connues. DuFour et Eaker (1998) écrivent : « Avec le temps, les écoles ont démontré sans ambiguïté qu'il état plus facile d'amorcer des changements que de les concrétiser. Tant que ces changements ne sont pas enracinés, qu'ils ne représentent pas 'notre façon de faire, ici', ils sont très fragiles et peuvent accuser du recul » (p. 105). Selon DuFour et Eaker : « Dans la plupart des organisations, les activités doivent faire l'objet d'un suivi pour que l'on arrive à les réaliser » (p. 106). L'une des fonctions principales de l'équipe de gestion de la réussite scolaire consiste justement à faire le suivi de la mise en œuvre du plan de l'école.

## Le processus de suivi

La capacité de l'équipe de gestion de la réussite scolaire à remplir son mandat dépend du type de relation qu'elle a su établir avec le personnel de l'école. Si cette relation se fonde sur la confiance et la fiabilité, le personnel verra l'équipe comme un partenaire qui peut l'aider et le soutenir sur le chemin de l'amélioration scolaire. Par ailleurs, si les membres du personnel de l'école considèrent que l'équipe prend du pouvoir sur eux, une relation de collaboration productive a de moins bonnes chances de s'instaurer.

---

Il ne doit y avoir aucun doute, pour qui que ce soit, que le rôle de l'équipe de gestion de la réussite scolaire consiste à soutenir la mise en œuvre du plan de l'école, et non à superviser les autres membres du personnel ou à évaluer leur travail.

---

Les tâches de l'équipe relatives au suivi comprennent une observation du processus de mise en œuvre, un questionnement pertinent et une recherche des meilleurs moyens de soutenir le personnel dans son travail. Par des rencontres régulières avec des représentants de chaque CAP, l'équipe se renseignera sur le travail en cours, les progrès réalisés et les difficultés rencontrées. Les conversations entre l'équipe et le personnel devraient porter sur les aspects suivants :

- Alignement des objectifs avec les valeurs, la vision et l'intention communes de l'école
- Progrès effectués quant à la mise en œuvre du plan
  - Que voulons-nous réaliser ?
  - Que faisons-nous pour atteindre ces objectifs ?
  - Comment saurons-nous si nos efforts portent fruit ?
  - Que faisons-nous si nous n'avançons pas vers nos objectifs ?
- Succès et difficultés de la mise en œuvre
  - Quels sont les aspects du plan qui réussissent ?
  - Comment pouvons-nous célébrer nos progrès ?

– Les membres du personnel disposent-ils d'assez de temps pour la collaboration et la planification ?

– Les structures et pratiques de l'école sont-elles favorables à l'atteinte des objectifs ?

– Le matériel requis pour la mise en œuvre est-il disponible ?

– Les objectifs sont-ils clairement articulés ou doivent-ils être révisés pour être plus facilement réalisables ?

L'équipe a aussi un rôle de consultation auprès des divers groupes d'intéressés pour le suivi de la mise en œuvre du plan de l'école et des préoccupations pertinentes. Il est essentiel que l'équipe soit à l'écoute des commentaires de chacun de ces groupes et qu'elle ajuste le plan, au besoin, afin de maintenir le cap vers les objectifs établis.

## Reconnaissance, encouragement et célébration

Il est normal que les membres du personnel scolaire éprouvent une certaine fatigue à certains points du parcours. Le changement est un travail ardu et sérieux. De nombreuses initiatives réussiront du premier coup. D'autres seront moins faciles. Les enseignants peuvent alors se décourager et perdre confiance en eux. Les nouvelles initiatives ne donneront pas toutes le résultat escompté; en fait, certaines produiront même un échec total. Fullan (2001) identifie cette étape inévitable de difficultés et de recul dans le processus de changement comme un « creux de mise en œuvre ».

Dans ces occasions, le rôle de l'équipe de gestion de la réussite scolaire est prioritaire. Les enseignants ont alors besoin d'un soutien sans faille pour « garder la foi » et apprendre des erreurs commises. Ils doivent garder à l'esprit que les risques inhérents à l'essai de nouvelles méthodes sont reconnus comme tels et que leur compétence ne sera aucunement mise en doute parce que leurs efforts n'ont pas porté fruit la première fois. Le soutien offert à ce type de recherche active renforcera l'engagement des enseignants à trouver les meilleurs moyens d'aider les élèves à réussir. À long terme, cette attitude de soutien envers les enseignants et leur pratique transformera la culture de l'école : du travail dans l'isolement, on passera à une culture de collaboration. À l'issue de cette transformation, on constate une amélioration de l'apprentissage et des résultats pour tous.

La plupart des pédagogues sont très doués quand vient le temps d'encourager leurs élèves et de célébrer leurs succès. Cependant, ils sont moins enclins à célébrer leurs propres succès et ceux de leurs collègues. Pourtant, l'importance de la célébration est incommensurable. Peu importe leur âge ou leur occupation, les individus apprécient la reconnaissance de leurs efforts, de leurs réalisations, de leur talent et de leur apport à l'œuvre commune. Pour les enseignants qui restructurent leur pratique professionnelle afin de maximiser le rendement de leurs élèves, la reconnaissance et la célébration permettent de renouveler l'engagement et l'enthousiasme dans les moments difficiles, qui sont inévitables. La célébration remémore aussi au personnel la « vue d'ensemble » de la planification et renforce les valeurs, la vision et l'intention communes de l'école. En célébrant les réussites accompagnant les étapes du plan et l'atteinte des objectifs visés, les enseignants qui y ont participé reçoivent un message clair quant au pouvoir de la collaboration et à l'importance de leur engagement envers cette planification.

## Résumé

La dernière tâche de l'équipe de gestion de la réussite scolaire consiste à rédiger le rapport de planification de l'école. Ce rapport offre à l'école entière une occasion de méditer sur les difficultés et les succès rencontrés au cours du processus de mise en œuvre. Il ne faut pas attendre que le rapport annuel soit publié pour reconnaître l'excellence du travail d'amélioration par le personnel, mais il faut dire que c'est une occasion idéale de célébrer collectivement les réalisations et les succès atteints. C'est également un bon moment pour reconnaître les efforts de ceux qui ont tenu des rôles de leadership dans le processus. L'élaboration du plan d'amélioration de l'école marque le début de la prochaine étape du cycle d'amélioration continue et prépare le terrain pour une nouvelle année de planification pour la réussite de l'école et des élèves.

## Chapitre 11

# Établir une culture propice au changement

### L'importance de l'orientation

Au chapitre 2, nous avons insisté sur l'importance du soutien pour le processus de planification pour la réussite de l'école et des élèves. Les commissions scolaires contribuent beaucoup au processus lorsqu'elles communiquent de façon constante que l'amélioration du rendement des élèves est un élément essentiel et que les écoles, comme les enseignants, seront soutenues en ce sens. À l'échelle de l'école, l'appui du directeur est tangible pour le processus lorsqu'il crée des structures et des procédures qui honorent les enseignants en tant que véritables agents du changement, parce que ce sont ces derniers qui interagissent directement avec les élèves. S'ils se sentent soutenus et encouragés, les enseignants peuvent alors mettre en œuvre en toute confiance de nouvelles stratégies d'enseignement, sans craindre de répercussions négatives si celles-ci ne fonctionnent pas comme prévu.

### L'importance du leadership

Le processus de planification pour la réussite de l'école et des élèves est un modèle d'amélioration qui soutient la transformation culturelle de l'école. La structure cyclique du modèle permet, d'une année à l'autre, d'encourager une réflexion plus approfondie et féconde accompagnant la planification. La transformation culturelle ne se produit pas immédiatement; en fait, elle peut même prendre jusqu'à trois années. Elle occasionne des changements qui peuvent être mouvementés et caractérisés par des émotions très intenses. Et lorsque des émotions entrent en jeu, le leadership devient plus important que jamais.

La complexité et la nature chaotique du processus de changement offrent des dilemmes intéressants pour ceux qui détiennent des postes de direction. L'ambiguïté règne en maître et la tentation de retourner aux vieilles méthodes est invitante. Les dirigeants qui facilitent le changement doivent posséder d'excellentes compétences relatives à l'intelligence émotionnelle, de manière à pouvoir déterminer quand il est temps d'aller de l'avant, de changer d'orientation ou de prendre du recul. Ces processus d'orientation et de transformation culturelle exigent une compréhension subtile du concept de « leadership partagé », de même que les compétences nécessaires pour cultiver cette forme de leadership à tous les niveaux.

Fullan (2001) décrit l'ensemble des problèmes auxquels est confrontée la pédagogie contemporaine comme « débordant de paradoxes et de dilemmes » (p. 2). Les dirigeants dotés de force de caractère et armés de compétence doivent faire face à ces problèmes pour la simple et bonne raison que les solutions rapides et faciles n'existent pas. Stephen Covey (1989) décrit les dirigeants qui font preuve de caractère comme des gens qui peuvent démontrer leur efficacité. Ils sont proactifs et assument la responsabilité de leurs choix. Ils en font un objectif personnel et consacrent leur temps aux aspects qui comptent le plus. Lorsqu'ils travaillent avec des groupes, ils s'efforcent d'en venir à des accords qui puissent satisfaire toutes les parties en écoutant les individus et en cherchant à les comprendre. Ils cherchent à développer une culture et un engagement pour la réussite de l'école et des élèves qui favoriseront des relations de travail synergiques parmi les membres de leur personnel. Par ailleurs, la compétence d'un dirigeant se manifeste dans son rôle de gestionnaire. Caractère et compétence forment ensuite un tout, soit un ensemble solide d'aptitudes et d'attitudes assorties d'une compassion véritable et d'une compréhension approfondie de la façon de soutenir, d'inspirer et de motiver les gens dans la planification de la réussite de l'école et des élèves.

| Caractéristiques personnelles des dirigeants efficaces | |
|---|---|
| Énergie | Caractère |
| Enthousiasme | Compétence |
| Optimisme | (Covey, 1989) |
| (Fullan, 2001) | |

Fullan perçoit le leadership comme étant composé de cinq forces interdépendantes capables d'influencer le changement. Dans un contexte pédagogique, on peut les décrire comme suit :

1. **L'existence d'une mission morale :** Agir de façon à influencer positivement la vie des élèves, du personnel, des parents et de la société en général.

2. **La compréhension du processus de changement :** Selon Fullan, les dirigeants doivent considérer six lignes directrices lorsqu'ils abordent le processus de changement :

   - Ne pas viser l'innovation à tout prix.

   - Avoir les meilleures idées ne suffit pas.

   - S'attendre aux difficultés initiales associées à l'essai de nouvelles méthodes et à un « creux de mise en œuvre ».

   - Redéfinir la résistance éprouvée comme une force potentielle.

   - Considérer la transformation culturelle comme étant l'essence de la question.

   - Ne jamais s'attendre à une simple liste de tâches à accomplir : la complexité fera toujours partie du jeu.

3. **Les relations :** Si les relations s'améliorent, c'est un signe de progrès. Par contre, il y a perte de terrain si les relations n'évoluent pas ou empirent.

4. **L'acquisition et le partage des connaissances :** L'examen des données recueillies à l'école et dans l'ensemble de la communauté constitue une source de connaissances qui peut être utilisée pour l'amélioration de l'école. Fullan souligne que l'acquisition de connaissances dépend de la mission morale, de la compréhension du processus de changement et de relations positives.

5. **La cohésion :** Créer de la cohésion consiste à déterminer quelles sont les tendances, les structures et les idées

susceptibles d'être intégrées dans la culture de l'école. Aux dires de Fullan, « la complexité maintient les gens au bord du chaos. Il est important d'y être parce que c'est là que la créativité réside, mais l'anarchie s'y cache aussi » (p. 6). Les dirigeants efficaces savent qu'un certain niveau d'ambiguïté mène à la créativité. Ils admettent également qu'il vient un moment où il faut mettre un terme au déséquilibre et consolider les connaissances acquises.

Robert Marzano (2002) soutient qu'un leadership efficace est une condition nécessaire et essentielle au travail d'amélioration à l'échelle de l'école, des enseignants et des élèves. En fait, il est d'avis que « le leadership peut être considéré comme l'aspect le plus important d'une réforme scolaire efficace » (p. 172). L'expression « leader pédagogique » a été longtemps utilisée dans ce contexte. Cependant, sa signification est demeurée ambiguë et imprécise. Les recherches de Marzano démontrent que « le leadership a des liens bien établis avec les aspects ci-dessous (entre autres choses) :

- la précision de la mission et des objectifs de l'école;
- le climat de l'ensemble de l'école et des classes individuelles;
- l'attitude des enseignants;
- les méthodes des enseignants en classe;
- l'organisation du programme éducatif et de l'enseignement;
- les occasions d'apprendre des élèves (p. 172).

---

### Résultats de l'étude McRel sur le leadership
(Marzano et associés, cités in Waters, Marzano et McNulty, 2003, p. 221)

1. **Le leadership est important.** Un leadership scolaire efficace mène à de niveaux de réussite plus élevés chez les élèves.

2. **Il est possible de définir un leadership efficace de façon empirique.** On peut décrire 21 responsabilités clés en matière de leadership qui ont une importante corrélation avec un taux de réussite élevé des élèves.

3. **Des dirigeants efficaces savent non seulement ce qui doit être fait, mais quand, comment et pourquoi il faut le faire.** C'est là l'essence d'un leadership équilibré.

---

## L'importance du leadership du directeur

Les preuves ne manquent pas pour appuyer la notion qu'il est préférable de répartir le leadership dans toute l'organisation si l'on veut en maximiser les effets. Un leadership partagé est aussi un leadership décuplé. Cependant, nous croyons fermement que l'efficacité des efforts de partage de leadership et la réussite du processus de planification dépendent directement de la vision, des convictions, des compétences et de l'appui démontrés par les dirigeants « officiels » de l'école, tout particulièrement le directeur. On ne doit pas sous-estimer la signification du rôle du directeur même si, idéalement, le pouvoir et la responsabilité doivent être partagés. Nous sommes convaincus que sans l'implication directe et visible du directeur dans le processus de planification scolaire, les meilleures intentions et les plus beaux efforts des autres membres du personnel n'atteindront pas leur plein potentiel. Une implication directe et visible signifie que le directeur doit prendre position en ce qui concerne l'importance de l'amélioration de l'école. Le directeur doit partager sa vision de l'école, poser des questions importantes, faciliter la recherche et la collaboration et voir à ce que le processus ne soit pas interrompu. Lorsque le directeur démontre de façon tangible son appui de tous les aspects de la planification scolaire, il crée des conditions et un état d'esprit qui permettra l'avènement de la transformation culturelle.

Selon Dufour et Eaker (1998), les directeurs efficaces dirigent en partageant leurs valeurs et leur vision. Ils font participer les membres du personnel au processus de prise de décision et donnent à chacun d'eux la possibilité d'agir. Ils fournissent les renseignements, la formation et les paramètres susceptibles d'aider leur personnel à prendre les bonnes décisions dans le cadre d'un leadership du genre « serré/libre ». Ces directeurs feront preuve « d'un leadership 'libre' en regard des stratégies utilisées par les enseignants pour promouvoir la vision et les valeurs de l'école, mais leur leadership sera assez 'serré' lorsqu'il s'agira de les faire respecter » (p. 187). Les directeurs efficaces assurent leur crédibilité en adoptant un comportement qui reflète les valeurs et la vision de leur école. Dans les mots de Stephen Covey (1989), ils « prêchent par l'exemple ». Ils sont axés sur les résultats et collaborent avec leur personnel pour fixer des objectifs mesurables, définir les résultats recherchés et en assurer un suivi continu.

Lorsqu'il parle du leadership offert par Rick Dufour à l'école secondaire Adlai Stevenson, Schmoker (2002) conclut que « le leadership est une méthode, et non un truc de magie » (p. 19).

Dans cet établissement, il était assez routinier pour les enseignants de se voir attribuer des responsabilités de leadership, mais on ne leur donnait pas les coudées franches. Dufour a su établir des paramètres précis à l'intérieur desquels chaque enseignant pouvait faire preuve de créativité et d'autonomie. Des paramètres précis, des obligations, des échéances et l'espoir d'obtenir des réalisations concrètes caractérisaient le milieu de travail des enseignants de l'école secondaire Adlai Stevenson.

---

L'accroissement de l'autonomie n'équivaut pas à la négligence ni à l'abandon.

---

Un engagement passionné envers la réalisation de la vision énoncée devrait alimenter toutes les conversations, toutes les décisions et tous les engagements à agir au sein des écoles qui planifient des améliorations. D'après Schmoker (2002), il ne peut exister de vision sans données. Il est d'avis que les données donnent de la substance à la vision. Elles permettent de démontrer que « des niveaux de réussite sans précédent sont bel et bien à notre portée » (p. 20). Les enseignants seront désireux d'essayer de nouvelles stratégies et de nouvelles structures si leur efficacité est éprouvée. Un leadership fort et intransigeant permettra de poser les bonnes questions à une fréquence appropriée. Pour citer Schmoker, « le leadership se définit et s'actualise par une confrontation en douceur, mais persistante. Il nous indique où nous sommes et où nous désirons aller » (p. 21).

### Comprendre la question de la responsabilisation

La responsabilisation est un terme couramment utilisé dans le contexte actuel des conversations portant sur l'amélioration de l'école. Il a le potentiel de causer énormément d'anxiété s'il est mal interprété. La notion de responsabilisation n'est qu'un des nombreux changements auxquels ont été confrontés les enseignants et les gestionnaires au cours des cinq dernières années. Il est de toute évidence le terme le moins bien compris de tous, donc le plus menaçant. Les pédagogues doivent apprendre à contrôler la portée émotionnelle du terme « responsabilisation », individuellement et collectivement, avant de pouvoir l'employer efficacement. Le système scolaire et le processus d'enseignement étant complexes, nous croyons que la collaboration, le travail d'équipe et l'appui mutuel sont les éléments qui permettent d'établir la confiance en soi collective nécessaire pour cette responsabilisation quant au rendement des élèves. Pour assumer une telle responsabilisation, les pédagogues doivent collaborer et accepter ensemble la responsabilité de dispenser un enseignement de qualité susceptible d'améliorer les résultats des élèves.

Les directeurs ont à répondre de tout ce qui se produit dans leur école. Ils doivent concentrer leurs efforts pour travailler avec leur personnel afin que tous les élèves aient un enseignement approprié. Les directeurs ne sont pas responsables de ce qui se passe dans les classes individuelles parce, généralement, ils n'ont pas à enseigner. Par contre, ils sont responsables de ce qui se passe dans leur école.

Les enseignants sont responsables de l'enseignement en classe et des résultats obtenus par leurs élèves. Ils travaillent pour améliorer le taux de réussite de leurs pupilles. Les directeurs collaborent avec les enseignants pour les mêmes motifs. Pour enseigner correctement, les enseignants doivent posséder les connaissances et les compétences nécessaires pour différencier l'enseignement selon les besoins d'apprentissage de leurs élèves.

Pour jouer un rôle de supervision efficace auprès des enseignants, les directeurs doivent connaître les méthodes d'approche différenciées à employer avec les élèves, de même qu'avec le personnel.

Zmuda, Kuklas et Kline (2004) affirment que la « responsabilisation collective » est le moyen, pour une école, d'atteindre sa vision et d'établir la confiance collective nécessaire pour être en mesure de faire une différence. Selon eux, la responsabilisation doit passer du leadership officiel à des leaders temporaires qui émergent lors du processus de changement, puis, en dernier ressort, à tout le personnel. Lorsque les membres du personnel se sentent collectivement et individuellement responsables de l'amélioration de l'apprentissage et du niveau de réussite de tous les élèves, c'est qu'ils ont accepté le fait qu'ils le sont. Cette façon de penser exige un changement culturel qui requiert d'œuvrer à l'intérieur de communautés d'apprentissage professionnelles basées sur des relations caractérisées par le respect mutuel et la confiance. On ne saurait trop insister sur l'importance d'un leadership fort pour faciliter ce changement, et il ne faut pas sous-estimer les défis qu'il représente.

## Le leadership partagé

Linda Lambert et associés (1997) décrivent le leadership pédagogique comme un concept large distinct de l'individu, du rôle et des comportements. Selon eux, le leadership doit être intégré dans la culture scolaire et tous ses membres doivent en partager la responsabilité dans un but partagé. Terrence Deal (1999) appuie cette notion. Il explique que les écoles qui réussissent « bénéficient d'un leadership qui émane d'un bon nombre de personnes et qui maintient et encourage l'apprentissage pour tous les élèves, ainsi que pour le personnel » (p. xiii). Ce qui ressort principalement de ce point de vue, c'est que l'essence du leadership consiste à apprendre ensemble dans une culture qui partage les mêmes valeurs, la même vision et la même intention. L'activité clé de cette activité est la collaboration.

Selon Lambert et associés (1997), cette conception du leadership exige un remaniement du pouvoir et de l'autorité de manière à ce que les surintendants et les directeurs ajustent leur perception de « l'autorité » et à ce que les enseignants développent des compétences qui accroîtront leur pouvoir individuel et collectif, tout comme leur autorité informelle (pp. 122-143). Patterson et Patterson (2004) sont d'avis que les enseignants présents à long terme sont davantage en mesure que les directeurs, souvent présents à court terme, d'influencer positivement la culture de l'école. Ils soulignent que le leadership des enseignants peut être officiel (par exemple un directeur de département) ou informel. À leur avis, ceux qui démontrent un leadership informel « méritent leur place en tant que leaders de la culture grâce à trois sources d'influence : la crédibilité, l'expertise et les relations interpersonnelles » (p. 75).

Lezotte (1991) décrit le changement qui voit les enseignants devenir des leaders comme une mutation d'une première génération de leadership vers une deuxième. En général, l'amélioration de l'école commence avec la première génération, celle qui correspond au corrélat du « leadership pédagogique ». Cependant, une amélioration continue et une transformation culturelle exigent qu'une école passe à la deuxième génération. En outre, la première génération doit être intégrée dans la culture avant qu'on puisse passer à la deuxième.

**Une première génération de leadership.** À cette étape du leadership, le directeur agit comme un chef pédagogique qui n'a de cesse de communiquer les valeurs, la vision et le but de l'école à tous les intéressés. Dans la première génération, les normes du leadership pédagogique ciblent principalement le directeur de l'école, qui doit comprendre et appliquer les caractéristiques de l'efficacité dans la gestion du programme d'enseignement.

**Une deuxième génération de leadership.** Dans la deuxième génération, le concept du leadership pédagogique est élargi et englobe tous les membres du personnel, tout particulièrement les enseignants. Ce changement reconnaît qu'un directeur ne peut pas être l'unique leader d'une organisation aussi complexe qu'une école. Pour être efficace, il faut que l'objectif du leadership évolue de manière à ce que la création d'une « communauté de valeurs communes » devienne prioritaire. La mission, ou l'intention, demeure essentielle, parce qu'elle donne à la communauté une direction commune, soit les choses qui comptent le plus pour l'école.

Dans la deuxième génération, le rôle du directeur en devient un de leader de leaders, plutôt que celui de leader de subalternes. Plus précisément, cela signifie qu'il devra miser sur ses compétences d'encadrement et servir de partenaire et de motivateur. Le directeur continuera d'axer ses efforts sur l'enseignement et consacrera beaucoup de temps auprès de ses enseignants afin de les aider à atteindre de meilleurs résultats. À cette étape, le directeur agit comme un « guide parallèle » pour son personnel. Ce concept de leadership plus large reconnaît que le plus souvent, l'expertise est répartie entre plusieurs individus et non pas concentrée en une seule personne, chose que les enseignants savent et que les bonnes écoles mettent à profit depuis le début des temps.

---

Le processus d'amélioration de l'école est semblable à un défilé, où le rôle du directeur varie au fur et à mesure du parcours. Parfois, le directeur devra être à l'avant et mener le défilé, le bâton à la main. En d'autres temps, il devra battre le tambour pour coordonner la fanfare et maintenir le rythme. À l'occasion, il devra marcher derrière les chevaux et nettoyer le pavé. Cependant, c'est quand il peut regarder et acclamer le défilé sur le bord du chemin que son plaisir est le plus grand.

---

La « responsabilisation collective » décrite par Zmuda, Kuklas et Kline (2004), suggère que, grâce à la collaboration, les enseignants et les gestionnaires assumeront leurs divers rôles de leaders en fonction des qualifications de chacun. Lorsque le leadership est réparti parmi tous les membres du personnel, les enseignants peuvent se guider et se soutenir mutuellement à travers le processus de changement. Ceux qui détiennent des postes de direction doivent trouver des façons d'accorder aux enseignants le temps nécessaire pour collaborer entre eux et leur procurer la formation professionnelle qui leur permettra d'assumer leur rôle de leader. En considérant tous les enseignants comme des leaders éventuels, les dirigeants optent pour le concept « d'égalité des chances » et le soutien des enseignants dans l'acquisition des compétences individuelles qui augmenteront leurs aptitudes d'enseignement et de leadership. De cette façon, les dirigeants sont en mesure de différencier leurs méthodes de supervision afin d'accorder un soutien pertinent à chacun des enseignants.

---

« Le leadership partagé s'accorde avec les concepts d'une destinée et d'une responsabilité partagées (. . .). Les leaders doivent bien se connaître et tous les membres qui composent l'équipe de leaders et de subalternes doivent avoir une bonne idée des forces, des faiblesses et des préférences de chacun de leurs pairs (. . .). En tant que groupe, l'équipe appelée à se partager les décisions ressemble moins à un orchestre dirigé par un seul homme qu'à une troupe de jazz, où le leadership passe d'un musicien à l'autre selon les exigences changeantes de la musique, à celui qui est plus apte à exprimer l'esprit musical du moment. »

—Schlecty (2001, p. 178)

---

Les défis ne manquent pas lorsqu'il s'agit d'élaborer une culture de leadership partagé. Au cours de ses recherches, Marzano (2003) a découvert que la culture égalitaire des écoles, où les enseignants sont considérés comme des égaux, peu importe leur expertise ou leur rendement, rend cette vision de leadership partagé difficile à réaliser. Il cite Friedkin et Slater (1994) pour décrire le phénomène : « L'isolement des enseignants dans la poursuite d'activités pédagogiques et leurs critères d'autonomie professionnelle, de confidentialité et d'équité découragent l'émergence parmi eux de leaders informels forts » (p. 174). Pour ceux qui détiennent des postes de direction officiels, il s'agit là d'un dilemme et d'un défi pour trouver des façons de favoriser et de promouvoir le leadership des enseignants dans leurs écoles.

L'importance d'élaborer une culture de leadership partagé est d'autant plus grande que le leadership officiel d'une école est souvent appelé à changer à court terme. Même si un nouveau leadership présente l'avantage de nouvelles idées, de nouvelles approches et d'un enthousiasme renouvelé, son désavantage vient de ce que les innovations risquent d'être abandonnées avec le départ du leader officiel. L'autre désavantage découle de ce que les membres du personnel, sachant que le directeur ne sera là que pour une brève période, ne s'impliquent pas dans les projets d'amélioration de leur école, préférant « attendre que celui-là quitte ». Si un changement doit être intégré dans la culture d'une école, il revient au bout du compte à tous les membres de son personnel de l'assumer. Cela n'est possible que si le leadership est partagé par tout le personnel. Dans une école, le maintien de tout changement après le départ d'un leader officiel repose essentiellement sur un facteur unique : des antécédents de leadership partagé.

## L'importance de la durabilité

Est-ce facile de soutenir la dynamique du processus de planification scolaire ? Il n'y a pas à en douter, la réponse est non. Assurer sa durabilité requiert énormément de travail. Pour ce faire, une école doit poursuivre ses projets d'amélioration au-delà de la fin de l'année scolaire. Du nouveau personnel, une nouvelle gestion, de nouvelles attentes de la part de la direction régionale, de l'État ou de la province, l'insatisfaction devant l'absence de progrès, la satisfaction pour les progrès réalisés ou l'insistance pour un retour aux vieilles méthodes peuvent rendre le maintien d'une amélioration continue difficile à réaliser.

Lorsque nous avons conçu le processus de planification pour la réussite de l'école et des élèves, nous nous sommes penchés sur cette question. Créer des équipes, partager le leadership, établir des objectifs précis, mettre l'accent sur les résultats, introduire des stratégies à rendement élevé et célébrer les progrès sont autant d'éléments destinés à créer une culture scolaire axée sur la réussite. Nous recommandons que le cycle de planification soit implanté au cours du semestre du printemps, de manière à ce que le plan soit en place dès le début de l'année scolaire suivante. De cette façon, on peut le présenter aux nouveaux membres du personnel et discuter avec eux de leur apport potentiel. Un examen du plan de l'année précédente et des résultats obtenus les aidera à comprendre qu'ils se joignent à une équipe qui considère la planification comme un moyen d'améliorer l'école et qui a de grandes attentes vis-à-vis de ses élèves. Leur participation au sein de communautés d'apprentissage professionnelles facilitera encore davantage leur transition vers la nouvelle culture.

Un des principaux défis du maintien de la dynamique et de l'intégration du changement dans la culture de l'école consiste à ce que le rôle du directeur demeure constant. Les districts et commissions scolaires exigent une certaine souplesse dans l'affectation des directeurs d'école afin de répondre aux exigences du système. Les directeurs qui ont réussi à faire preuve d'un leadership combinant des attentes élevées à un solide soutien professionnel sont précieux pour la direction régionale et se voient fréquemment offrir des mutations ou des promotions.

---

**Le leader appuie la durabilité...**

- en s'engageant envers un apprentissage de haut niveau dans son école et la protection de cet apprentissage;

- en s'assurant que les améliorations apportées se maintiendront, particulièrement une fois qu'il aura quitté;

- en distribuant le leadership et les responsabilités;

- en tenant compte des effets de son leadership sur l'école et la collectivité environnante;

- en prenant soin de lui-même afin de pouvoir persévérer vers la vision de l'école et éviter l'épuisement professionnel;

- en faisant la promotion et en perpétuant la diversité des approches de réforme, plutôt que des règles normalisées d'enseignement et d'apprentissage;

- en s'impliquant activement dans le milieu.

—Hargreaves et Fink (2004, p. 13)

---

Nous croyons que le processus de planification pour la réussite de l'école et des élèves possède tout le potentiel de durabilité nécessaire lorsque des changements surviennent dans les postes de gestion officiels. Le plan de l'école est un puissant outil d'introduction à l'établissement pour un nouveau directeur. Dans le cadre du processus de transition, le directeur sortant peut communiquer au nouveau gestionnaire sa vision de la culture de l'école en passant en revue les énoncés de valeurs, de vision et d'intention. Il peut lui présenter les objectifs de l'école et les données probantes qui ont amené leur création, ainsi que les plans qui ont été mis en œuvre et les preuves de leurs résultats. Le nouveau directeur verra la planification d'un œil nouveau et sera en mesure de poser des questions importantes et d'y apporter de nouvelles idées. Il pourra ensuite aborder la nouvelle année scolaire avec tous les moyens d'améliorer la culture, d'appuyer les changements déjà en place et de trouver de nouvelles façons de soutenir la dynamique. Le directeur n'est pas nécessairement un agent de changement, comme on a pu le croire à un moment donné; son rôle consiste plutôt à soutenir la culture de changement.

L'histoire de l'école communautaire Sacred Heart en est une de durabilité, grâce à l'établissement d'une culture qui appuie le changement et l'amélioration continue. D'entrée de jeu, Loretta Tetrault savait qu'elle devait plonger tête première pour amorcer le processus. Elle a si bien réparti le leadership entre les membres de son personnel pendant qu'ils travaillaient et apprenaient ensemble que, lorsque Rob Currie la remplaça comme directeur, les membres du personnel le prirent par la main et lui montrèrent eux-mêmes comment l'école fonctionnait. Loretta a laissé un héritage durable. Les changements qu'elle avait amorcés étaient devenus partie intégrante de la culture de l'école. Quand elle a pris sa retraite, le personnel de l'école a assumé la responsabilité d'assurer la permanence de ces changements. Il restait à Rob le défi de maintenir et de construire sur cette dynamique. Au terme de sa deuxième année, Rob et les membres de son personnel avaient relevé le défi : la culture d'amélioration continue serait maintenue. L'école Sacred Heart est une source d'inspiration pour tous ceux et celles qui s'engagent dans un processus de planification qu'ils souhaitent maintenir au fil des ans.

**Résumé**

L'établissement d'une culture de changement exige la capacité de faire face à l'ambiguïté, à l'anxiété et aux conflits. C'est une tâche difficile, mais non impossible. Des énoncés de valeurs, de vision et d'intention significatifs sont des catalyseurs puissants. Cependant, sans un leader doté d'une passion pour l'école et l'enseignement, les changements envisagés risquent de ne jamais se produire.

Le leadership est une question de changement et d'influence. Il consiste à « prendre les gens où ils sont en ce moment et de les amener où ils doivent être. La meilleure façon d'amener les gens à s'aventurer en terrain inconnu est de le rendre séduisant et de les y mener grâce à leur imagination » (Tichy, 2002, p. 16). Le processus de planification pour la réussite de l'école et des élèves est un cheminement qui a fait ses preuves pour l'établissement d'une culture de changement.

# Chapitre 12

# Miser sur la réussite : l'amélioration continue

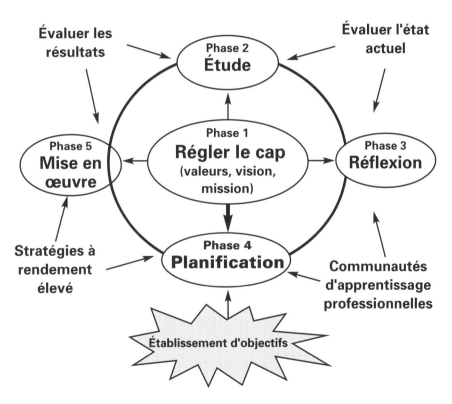

Il ne faut pas se faire d'illusions : dire que le processus de planification pour la réussite de l'école et des élèves peut être linéaire, prévisible ou ordonné est totalement erroné, en dépit du fait que nous avons essayé de le présenter comme un modèle capable d'orienter le travail d'amélioration de l'école. Tout processus d'amélioration scolaire qui donne des résultats satisfaisants et durables comporte un grand nombre d'ambiguïtés et de défis. Le processus sera unique pour chaque école, même si les exemples provenant d'autres établissements peuvent orienter le travail et qu'il soit possible de profiter de leur expérience. La population d'une école et sa culture existante ont d'importantes incidences sur le processus. Les caractéristiques du personnel et la qualité du leadership y comptent également pour beaucoup. Peu importe le contexte, le processus de planification sera inégal et chaotique. La route sera tortueuse et les montagnes difficiles à escalader. Un engagement de tous les instants, assorti de beaucoup de ténacité et de persévérance de la part de tous les intervenants, permettra, au bout du compte, de mener le processus à terme. Le concept clé est l'amélioration. L'exercice clé est la collaboration. Le résultat est l'espoir.

Ce qui est formidable à propos de la planification scolaire, c'est qu'elle n'a jamais de fin ! Elle est cyclique et chaque nouvelle année offre une autre occasion d'examiner nos objectifs et de mettre à profit le travail réalisé l'année précédente. Le rapport annuel de planification scolaire est sommatif et détermine, entre autres choses, les améliorations à apporter, les stratégies à rendement élevé qui seront utilisées pour y parvenir et les outils et les méthodes qui permettront d'évaluer les progrès réalisés. Le rapport comporte également les résultats des travaux accomplis cette année-là et le niveau d'atteinte des objectifs visés, selon les indicateurs de rendement. Ce rapport détermine non seulement les aspects qui méritent d'être célébrés, mais également ceux qui nécessitent encore des efforts. Ainsi, c'est le point de départ du processus de planification de l'année à venir.

## La première année

La première année du processus de planification pour la réussite de l'école et des élèves exigera énormément de travail. Les défis ne manqueront pas lorsque les membres du personnel s'efforceront de comprendre l'importance du processus et leur rôle essentiel à l'intérieur de celui-ci. Le temps sera un facteur déterminant, étant donné que le plan requiert de la collaboration et du travail d'équipe. La diffusion de l'information aux différents intervenants prend également du temps et pourrait être risquée jusqu'à ce que des liens soient créés et que les valeurs communes, la vision et l'intention soient établies. Cependant, la bonne nouvelle est que, une fois terminé, le travail de la première année servira de base et de motivation au cours des années subséquentes. Le parcours aura été tracé pour la création d'un havre d'espoir meilleur que jamais.

Même si le processus nécessite énormément de temps et d'énergie de la part de tous les intervenants, cette première année s'avérera également une expérience exaltante. Lorsque le personnel et les autres membres de la communauté scolaire s'engagent envers un objectif commun et œuvrent ensemble pour réaliser le rêve d'un avenir meilleur, il en découle une synergie qui les soutiendra tout le long du parcours. D'entrée de jeu, ils seront stimulés par la nouveauté du processus et excités à l'idée de créer un nouveau tracé. C'est une période stimulante. Cependant, nous devons admettre qu'avec le temps et les inévitables défis d'une amélioration réussie, le niveau d'énergie commencera à baisser et l'excitation déclinera. En effet, il est plus aisé d'amorcer le processus de changement que de le maintenir.

Voici cinq aspects qui aideront l'école à maintenir le processus de changement :

1. Les relations interpersonnelles
2. L'espoir
3. Le leadership
4. La transformation culturelle
5. La collaboration

### Les relations interpersonnelles

Tout au long de ce livre, nous avons fait mention de l'importance de créer des relations interpersonnelles solides fondées sur la confiance et la fiabilité. À notre avis, la qualité des liens a une incidence sur toutes les interactions entre les individus et sur tous les enjeux rencontrés au cours du processus de planification. Nous avons également souligné maintes fois la nécessité du partage des valeurs, de la vision et de l'intention. Une fois que celles-ci ont été clairement exprimées, les règles de base des relations interpersonnelles et des objectifs et pratiques d'apprentissage sont en place.

### L'espoir

On a décrit l'espoir comme étant un « optimisme injustifié face à des obstacles en apparence insurmontables ». Il ne s'agit pas d'un vague concept faussement rassurant. L'espoir est ce qui se produit lorsque des individus s'accrochent avec ténacité à la conviction qu'ils peuvent faire une différence, alors qu'il semble plus facile de douter et de laisser tomber. Les élèves des écoles qui sont des havres d'espoir se savent entourés de gens qui s'occupent d'eux avec passion et qui sont engagés à faire tout le nécessaire pour les aider à réussir. « L'apprentissage pour tous, par tous les moyens » est un concept très réel dans une école qui est aussi un havre d'espoir.

## Le leadership

L'insistance avec laquelle nous avons débattu de la question du leadership démontre bien l'importance que nous lui accordons. Un leadership efficace, réparti parmi tous les membres du personnel, est la clé qui amorce le changement et qui le maintient à long terme. Le long terme est tout particulièrement important, car le changement doit être durable. Par égard aux élèves et aux membres du personnel, nous ne pouvons plus mettre de l'avant des projets d'amélioration pour ensuite les abandonner lorsque le directeur est muté. La responsabilisation collective signifie que tous les membres du personnel, aussi bien en tant que communauté que comme individus, doivent assumer la responsabilité de repérer les aspects qui nécessitent une amélioration, de collaborer à la planification nécessaire pour y parvenir et de travailler pour atteindre les résultats visés.

## La transformation culturelle

Le processus de planification pour la réussite de l'école et des élèves n'est pas un exercice de « peinture à numéros » au cours duquel les membres du personnel complètent les cinq phases, classent le plan et retournent à leur « véritable » tâche, qui est celle d'enseigner. Si la planification est abordée dans cet état d'esprit, on se retrouve devant ce que nous avons décrit comme une école qui « planifie la planification », et le résultat est une intention de changement sans changement véritable. En tant que processus de transformation culturelle, le processus de planification pour la réussite de l'école et des élèves requiert des changements fondamentaux.

## La collaboration : les enseignants sont les acteurs clés

L'élément le plus important de la transformation culturelle est la collaboration et les enseignants sont garants de son succès. La collaboration amène les enseignants au cœur du processus de changement. Le processus de planification pour la réussite de l'école et des élèves a pour but de modifier la façon de penser et de se comporter des enseignants. Les enseignants comptent pour beaucoup. Il s'agit de personnes très importantes tenant des rôles tout aussi importants. La reconnaissance de cette vérité fondamentale, de même que l'instauration de structures et de pratiques de soutien, permettra l'élaboration d'un plan d'amélioration qui optimisera les résultats de tous les élèves.

Dans les communautés d'apprentissage professionnelles qui sont basées sur des valeurs, une vision et une intention communes et qui sont passionnées à l'idée d'insuffler de l'espoir à chacun de leurs élèves, les enseignants collaborent pour procurer le meilleur enseignement possible à chacun. Les enseignants qui sont soutenus dans cette démarche se verront comme des « enseignants d'une école », et non pas seulement comme des « enseignants d'une classe ». Ils se sentiront responsables de l'apprentissage et de la réussite de tous les élèves de l'école. Lorsque cela survient, on crée une culture scolaire au sein de laquelle les enseignants « planifient l'amélioration ». Ce sont les enseignants, non pas le plan, qui font la différence dans une école.

---

J'en suis venu à une conclusion effarante. Je suis l'élément déterminant de la classe. C'est mon approche personnelle qui crée l'ambiance. C'est mon humeur quotidienne qui règle la température. À titre d'enseignant, je détiens l'impressionnant pouvoir de rendre un élève misérable ou heureux. Je peux être un tortionnaire ou un outil d'inspiration. Je peux humilier ou faire plaisir, blesser ou guérir. Dans toutes les situations, c'est ma façon d'agir qui déterminera si une crise s'aggrave ou se désamorce, et si un enfant sera humanisé ou déshumanisé.

—Haim Ginot (1995, p. 178)

---

## Plus forts ensemble : dernières réflexions

Nous avons rédigé ce livre en vue d'aider les pédagogues à créer des écoles qui deviendront des havres d'espoir pour tous les membres de la communauté scolaire. Bien que nous ne soyons pas des chercheurs, ensemble, nous comptons plus de 70 années d'expérience dans notre travail au sein des écoles et avec elles. Ce que nous avons partagé avec vous, c'est ce qui fonctionne dans ces écoles qui font une différence dans la vie de leurs élèves. Nous appelons ces écoles des havres d'espoir. Il s'agit d'endroits où les membres du personnel sont motivés et adoptent une attitude positive, où les directeurs sont fiers et passionnés, où les élèves réussissent et où le soutien de la collectivité est marqué. Nous avons découvert que la recherche des 35 dernières années dans le domaine de la pédagogie appuie ce que nous avons découvert à travers notre expérience pratique.

---

Nous ne pouvons pas diriger les vents,
mais nous pouvons ajuster nos voiles.

---

Le processus de planification pour la réussite de l'école et des élèves procure un enseignement hors pair et une culture scolaire qui garantit « l'apprentissage pour tous, par tous les moyens ». Rappelez-vous que c'est le processus qui compte d'abord et avant tout, et non pas son produit sous la forme d'un rapport de planification. Nous espérons que ce livre vous sera utile sur le parcours de l'amélioration scolaire. Nous ne promettons pas que le processus sera facile, mais nous pouvons néanmoins vous promettre qu'il sera stimulant et plein de défis. Lorsque les écoles s'améliorent au profit des élèves, la destination vaut tous les efforts.

*Troisième partie*

# Annexe

*Annexe*

# Treize stratégies stimulantes

La création d'une « oasis de stimulation mentale » ciblant l'apprentissage individuel figure parmi les nombreuses mesures prises par l'école communautaire Sacred Heart de Regina, en Saskatchewan, en vue de devenir un havre d'espoir. Les membres du personnel ont identifié treize stratégies et techniques stimulantes qui peuvent être utilisées dans l'oasis. La présente annexe vous donne un bref aperçu de ces treize stratégies

## 1. Passer de l'enseignement à la « stimulation des cerveaux »

Les membres du personnel ont décidé de modifier la perception qu'ils avaient de leur rôle en tant qu'enseignants. Ils ont décidé de « réinventer le travail d'apprentissage » et ont opté pour un programme éducatif intégré afin d'y parvenir.

## 2. L'apprentissage incident : les petites choses créent les grands succès

Le personnel de l'école est parti de deux prémisses : selon la première, la plus grande partie de l'apprentissage se produit de manière incidente; selon la deuxième, lorsque les gens se sentent en sécurité et ont un sentiment d'appartenance, ils sont capables d'apprendre. En sachant que l'environnement et l'ambiance de l'école contribuent énormément à la capacité d'apprendre des élèves, ils ont décidé de créer un milieu scolaire amical et accueillant.

## 3. Un environnement stimulant

À l'école Sacred Heart, la plupart des salles de classe ne sont pas des locaux traditionnels. Il n'y a presque pas de bureaux. Les étudiants travaillent à des tables, assis sur des divans, des coussins ou des fauteuils. Des plantes donnent un goût de nature. Des poissons, des animaux de compagnie et d'autres éléments d'intérêt viennent se greffer à l'environnement et offrent diverses occasions d'apprentissage. On retrouve fréquemment des enseignants qui travaillent avec de petits groupes en divers endroits. Les jumelages de classes uniques procurent des cadres de travail exempts de stress où des équipes d'âges variés peuvent s'épanouir et où la pression négative par les pairs est minimisée. On utilise une approche d'apprentissage thématique intégrée qui permet de consacrer de longues périodes dédiées à l'enseignement. Il arrive fréquemment que plusieurs classes travaillent sur le même thème, ce qui permet aux élèves d'apprendre de leurs interactions hors de la salle de classe et aux enseignants de faciliter les regroupements d'élèves.

## 4. Les regroupements de couloir

Les membres du personnel de l'école Sacred Heart croient que les enseignants et les élèves bénéficient des occasions de travailler et d'apprendre ensemble. Les regroupements de couloir sont des occasions pour les élèves de rencontrer leurs confrères des autres classes et de collaborer dans des exercices portant sur les sujets étudiés. Les regroupements sont formés d'élèves, souvent d'âges différents, qui travaillent ensemble et avec des adultes sur des exercices d'apprentissage. Les regroupements fluctuent en réponse aux intérêts et aux besoins des élèves.

## 5. Les états d'apprentissage

Selon Jensen (1996), l'apprentissage exige un « état » approprié et l'état d'une personne affecte tout autant les processus mentaux que physiologiques. Pour qu'il y ait désir d'apprendre, il faut qu'il existe un état optimal de curiosité, d'anticipation, de suspense, d'anxiété ou de stress de niveau faible à modéré (jamais élevé), de défi et de confusion temporaire. On constate le meilleur apprentissage lorsqu'il y a passage d'un état à un autre, et tout apprentissage est assujetti à un état. Les membres du personnel de l'école Sacred Heart sont devenus des spécialistes dans les diverses stratégies à employer afin d'aider leurs élèves à atteindre des états optimaux d'apprentissage et de développement de capacités.

## 6. La musique

Les recherches de Jensen démontrent que l'on peut utiliser la musique pour charger et activer le cerveau. Certains types de musique créent une ambiance favorable à l'apprentissage, d'autres donnent envie de faire la fête, d'autres encore stimulent la créativité ou accélèrent l'apprentissage. La musique peut créer une ambiance au début comme à la fin de la journée scolaire et elle devient un élément sécurisant d'une routine prévisible. Tous les jours à l'école Sacred Heart, la musique joue une variété de rôles différents. L'utilisation de la musique est également une occasion d'exposer les élèves à des types de musique qu'ils n'écouteraient pas autrement.

## 7. Les pauses mentales

La recherche sur les fonctions cérébrales a démontré que la dominance des côtés gauche et droit du cerveau alterne approximativement toutes les 90 minutes. À l'école Sacred Heart, des « pauses mentales » régulières au cours de l'horaire quotidien donnent l'occasion de faire des exercices au cours desquels les hémisphères droit et gauche du cerveau interagissent entre eux. Ces pauses durent 60 secondes ou moins et ont pour résultat de rafraîchir et d'activer l'esprit les élèves et leur capacité d'apprendre. Lorsque les élèves ont l'occasion de choisir leur façon d'apprendre, ce cycle peut être adapté. Il n'est pas inhabituel à l'école Sacred Heart d'entendre les élèves, tout particulièrement les plus vieux, dire qu'ils ont besoin de prendre une pause mentale avant de poursuivre leur travail.

## 8. Les vraies mathématiques

Les membres du personnel de l'école Sacred Heart se sont engagés à fournir à leurs pupilles des exercices d'apprentissage porteurs de sens en les associant à la vie de tous les jours des élèves. Étant donné que les mathématiques sont une matière difficile pour de nombreux enfants, ils ont collaboré pour créer des activités de « situation réelle » que les élèves poursuivent tout en apprenant les mathématiques. Les enseignants titulaires de l'école ont collaboré pour élaborer un programme de mathématiques très novateur. Les objectifs de ces activités sont harmonisés avec le programme d'études et les stratégies d'enseignement sont alignées avec la vie de tous les jours.

Dans le cadre de ce programme, les élèves gagnent de l'argent « Sacred Heart » pour faire leur travail, soit de se présenter à l'école. Ils ont chacun un compte bancaire fictif et apprennent à concevoir un budget qui les fera vivre d'un jour de paie à l'autre. Ils paient un loyer pour leur espace de travail à l'école, ainsi que pour toutes les autres dépenses scolaires quotidiennes. Le programme comprend également des plans d'épargne et des taux d'intérêt, des plans d'investissement à risque et conservateurs, de même que des emprunts et toutes les subtilités qui les accompagnent. Il est possible pour les élèves d'obtenir des primes monétaires pour leurs devoirs, une amélioration exceptionnelle ou un effort exemplaire. Ils perdent de l'argent lorsqu'ils arrivent en retard, font l'école buissonnière ou enfreignent le code de conduite. Ils apprennent à faire des chèques et les conséquences d'un chèque sans fonds. Ils se familiarisent avec les guichets automatiques, les cartes de crédit et les activités connexes. Certains élèves ont même vécu la dure expérience d'une faillite personnelle.

Les élèves collaborent pour résoudre des problèmes, postulent des emplois, rédigent des curriculum vitae, se préparent à passer des entrevues et changent d'emploi pour augmenter leur « salaire » s'ils ne sont pas satisfaits de leur revenu. Il faut être témoin de l'excitation qu'occasionne le « jour de paie » !

## 9. Les modèles oculaires et la réflexion

Selon Jensen (1996), la réflexion mentale exige d'évoquer ou de créer des « représentations typiques » regroupées en quatre catégories : visuelles, auditives, émotionnelles et autres. L'esprit, le corps et les sentiments ne sont jamais distincts dans le processus d'apprentissage. Les activités cognitives qui se produisent dans un hémisphère déclenchent un mouvement oculaire dans l'hémisphère opposé. À l'école Sacred Heart, les élèves apprennent à connaître les modèles oculaires et s'entraînent à les utiliser afin d'accroître leurs capacités à réfléchir. Ils les utilisent également comme signaux dans leurs interactions avec les autres élèves.

## 10. La communication orale quotidienne

Les membres du personnel, déterminés à mettre à profit les aptitudes orales existantes des élèves, ont introduit un programme de communication orale quotidienne à tous les niveaux comme moyen de stimuler la réflexion, de renforcer les aptitudes de communication orale, d'établi un sens de communauté et d'appuyer le développement d'aptitudes de lecture. Les activités d'expression orale comprennent des exercices qui portent sur une variété d'aptitudes linguistiques. Ces exercices sont peu exigeants, faciles, amusants à réaliser et se terminent généralement par une activité d'apprentissage coopérative. Les étudiants les apprécient beaucoup et les incidences sur les résultats d'évaluation dans cette matière ont été très positives.

## 11. La cartographie mentale et conceptuelle

Sur la base des avantages d'un apprentissage à cheminement multiple et de la globalisation comme technique d'enseignement, des méthodes d'organisation graphique comme la cartographie mentale et la cartographie conceptuelle sont enseignées aux élèves de l'école Sacred Heart à tous les niveaux. Ces méthodes aident l'élève au niveau de l'organisation, de la compréhension, de la mémorisation, de la prise de notes et de la recherche. Les méthodes d'organisation graphique aident les élèves à relier ce qu'ils apprennent à ce qu'ils ont déjà appris et ainsi, à rendre la nouvelle matière plus pertinente.

## 12. L'évaluation

Les membres du personnel de l'école Sacred Heart ont collaboré pour élaborer des rubriques d'évaluation dans les principales matières à tous les niveaux scolaires, de manière à fournir un apprentissage et un développement continus à tous les élèves. Ils croient que les élèves doivent savoir ce qu'ils sont censés apprendre et de quelle façon ils seront évalués. On utilise également des portfolios pour faire participer les élèves à leur propre évaluation et comme moyen de démontrer leur développement.

## 13. L'enseignement religieux

L'école Sacred Heart fait partie de la commission scolaire catholique de Regina. Les membres du personnel estiment que les croyances qu'ils partagent les aident à encourager l'apprentissage grâce au sens de communauté et de dévouement qu'ils ont développé. Tous les membres du corps enseignant se réunissent plusieurs fois par semaine pour chanter, prier et célébrer l'école et tout un chacun, et affirmer qu'ils font partie d'une communauté scolaire catholique. Ils ont consciencieusement travaillé à créer un environnement de foi et d'espoir qui imprègne tout ce qu'ils font.

# Bibliographie

BARTH, R. « Restructuring schools », *Phi Delta Kappan*, 1991, 73 (2), pp. 125–129.

BLANCHARD, K. et MUCHNICK, M. *The leadership pill*, New York, Simon & Schuster, 2003.

BRIDGES, W. *Managing transitions: Making the most of change*, Don Mills, Ontario, Addison-Wesley, 1991.

CONZEMIUS, A. et O'NEILL, J. *The handbook for SMART school teams*, Bloomington, Indiana, Solution Tree, 2002.

COSTA, A. L. et KALLICK, B. *Activating and engaging habits of mind*, Alexandria, Virginie, Association for Supervision and Curriculum Development, 2000.

COVEY, S. R. *The seven habits of highly effective people*, New York, Simon & Schuster, 1989.

DANIELSON, C. *Enhancing student achievement: A framework for school improvement*, Alexandria, Virginie, Association for Supervision and Curriculum Development, 2002.

DEAL, T. « The symbolism of effective schools », *The Elementary School Journal*, 1985, 85 (5), pp. 601–620.

DEAL, T. E. et PETERSON, K. D. *Shaping school culture: The heart of leadership*, San Francisco, Jossey-Bass, 1999.

DEMING, W. E. *The new economics for industry, government, and education*, Cambridge, Massachusetts, Massachusetts Institute of Technology, Center for Advanced Engineering Study, 1989.

DRUCKER, P. *Managing for the future: The 1990s and beyond*, New York, Truman Talley Books, 1996.

DUFOUR, R. « What is a 'professional learning community'? », *Educational Leadership*, 2004, 61 (8), pp. 6–11.

DUFOUR, R. et EAKER, R. *Professional learning communities at work*, Bloomington, Indiana, Solution Tree, 1998.

EAKER, R., DUFOUR, R. et DUFOUR, R. *Getting started: Reculturing schools to become professional learning communities*, Bloomington, Indiana, Solution Tree, 2002.

EDMONDS, R. R. « Programs of school improvement: An overview », *Educational Leadership*, 1982, 40 (3), pp. 8–11.

EFFECTIVE SCHOOLS LEAGUE. Tetreault, L. Commentaire affiché dans la section « Views and Information », http://www.effectiveschools.com/, 2004.

EPSTEIN, J. L. *School, family and community partnership: Preparing educators and improving schools*, Boulder, Colorado, Westview Press, 2001.

FULLAN, M. *Change forces: Probing the depths of educational reform*, London, Falmer Press, 1993.

FULLAN, M. « Emotion and hope: Constructive concepts for complex times », in A. Hargreaves (éd.), *Rethinking educational change with heart and mind*, Alexandria, Virginie, Association for Supervision and Curriculum Development, 1997.

FULLAN, M. *Leading in a culture of change*, San Francisco, Jossey-Bass, 2001.

FULLAN, M., BERTANI, A. et QUINN, J. « New lessons for districtwide reform », *Educational Leadership*, 2004, 61 (7), pp. 42–46.

GARDNER, H. *Frames of mind: The theory of multiple intelligences*, New York, Basic Books, 1993.

GARDNER, H. *The disciplined mind: Beyond facts and standardized tests, the K–12 education that every child deserves*, New York, Simon & Schuster, 1999.

GINOT, H. *Teacher and child: A book for parents and teachers*, Princeton, New Jersey, Scribner Press, 1995.

# Bibliographie

GLICKMAN, C. D. *Renewing America's schools: A guide for school-based action*, San Francisco, Jossey-Bass, 1993.

GOLEMAN, D. *Emotional intelligence*, New York, Bantam Books, 1995.

GOLEMAN, D. *Working with emotional intelligence*, New York, Bantam Books, 1998.

HARGREAVES, A. et FINK, D. « The seven principles of sustainable leadership », *Educational Leadership*, 2004, 61 (7), pp. 8–13.

JACOBS, H. H. *Mapping the big picture: Integrating curriculum and assessment K–12*, Alexandrie, Virginie, Association for Supervision and Curriculum Development, 1997.

JENSEN, E. *Teaching with the brain in mind*, Alexandria, Virginie, Association for Supervision and Curriculum Development, 1998.

KOTTER, J. *Leading change*, Boston, Harvard Business School Press, 1996.

LAMBERT, L. *Building leadership capacity in schools*, Alexandria, Virginie, Association for Supervision and Curriculum Development, 1998.

LAMBERT, L., KENT, K., RICHERT, A. E., COLLAY, M., DIETZ, M. et al. *Who will save our schools? Teachers as constructivist leaders*, Thousand Oaks, Californie, Corwin Press, 1997.

LEZOTTE, L. et MCKEE, K. M. *Assembly required: A continuous school improvement system*, Okemos, Michigan, Effective Schools Products, 2002.

LEZOTTE, L. W. *Correlates of effective schools: The first and second generation*, Okemos, Michigan, Effective Schools Products, 1991.

LEZOTTE, L. W. *Learning for all, Okemos, Michigan, Effective Schools Products*, 1997.

LOUIS, K. S., KRUSE, S. et RAYWID, M. A. « Putting teachers at the center of reform », *NASSP Bulletin*, 1996, 80 (580), pp. 9–21.

MARZANO, R. J. *What works in schools: Translating research into action*, Alexandria, Virginie, Association for Supervision and Curriculum Development, 2003.

MARZANO et al. Citation, in Waters, T., Marzano, R. J. et McNulty, B. *Balanced leadership: What 30 years of research tells us about the effect of leadership on student achievement*, Aurora, Colorado, Mid-Continent Research for Education and Learning, 2003, p. 221.

MCTIGHE, J. et WIGGINS, G. *Understanding by design*, Alexandria, Virginie, Association for Supervision and Curriculum Development, 1998.

NEWMANN, F. et WEHLAGE, G. *Successful school restructuring: A report to the public and educators by the Center for Restructuring Schools*, Madison, Wisconsin, University of Wisconsin, 1995.

NEWMANN, F. M. « How secondary schools contribute to academic success », in *The adolescent years: Social influences and educational challenges*, Chicago, University of Michigan Press, 1998, pp. 88–108.

PATTERSON, J. et PATTERSON, J. « Sharing the lead », *Educational Leadership*, 2004, 61 (7), pp. 74–78.

REEVES, D. B. *Accountability for learning*, Alexandria, Virginie, Association for Supervision and Curriculum Development, 2004.

ROSENHOLTZ, S. J. *Teacher's workplace: The social organization of schools*, New York, Teachers College Press, 1991.

ROSS, R. B. « The five whys », in P. Senge et al. *The fifth discipline fieldbook*, New York, Doubleday, 1994.

SCHLECTY, P. C. *Shaking up the school house: How to support and sustain educational innovation*, San Francisco, Jossey-Bass, 2001.

SCHMOKER, M. *Results: The key to continuous school improvement*, Alexandria, Virginie, Association for Supervision and Curriculum Development, 1996.

SCHMOKER, M. « The results we want », *Educational Leadership*, 2000, 57 (5), pp. 62–65.

SCHMOKER, M. *The results fieldbook*, Alexandria, Virginie, Association for Supervision and Curriculum Development, 2001.

SENGE, P. *The fifth discipline: The art and practice of the learning organization*, New York, Doubleday Currency, 1990.

SERGIOVANNI, T. *The lifeworld of leadership*, San Francisco, Jossey-Bass, 2000.

SERGIOVANNI, T. « Building a community of hope », *Educational Leadership*, 2004, 61 (8), pp. 33–37.

SILVER, H. E. et STRONG, R. W. *Learning style inventory*, Ho-Ho-Kus, New Jersey, Thoughtful Education Press, 2003.

SPENCE, C. *On time! On task! On a mission!*, Halifax, Nova Scotia, Fernwood Publishing, 2002.

SPILLANE, J. P., HALVERSON, R. et DRUMMOND, J. B. « Investigating school leadership practice: A distributed perspective », *Educational Researcher*, 2001, 30 (3), pp. 23–28.

STIGGINS, R., WEBB, L. D., LANGE, J., MCGREGOR, S. et COTTON, S. *Multiple assessment of student progress*, Reston, Virginie, National Association of Secondary School Principals, 1997.

TICHY, N. M. *The leadership engine*, New York, HarperCollins Publishers, 2002.

TOMLINSON, C. A. *Fulfilling the promise of the differentiated classroom: Strategies and tools for responsive teaching*, Alexandria, Virginie, Association for Supervision and Curriculum Development, 2003.

WATERS, T., MARZANO, R. J. et MCNULTY, B. *Balanced leadership: What 30 years of research tells us about the effect of leadership on student achievement*, Aurora, Colorado, Mid-Continent Research for Education and Learning, 2003.

WOLFE, P. *Brain matters: Translating research into classroom practice*, Alexandria, Virginie, Association for Supervision and Curriculum Development, 2001.

ZMUDA, A., KUKLUS, R. et KLINE, E. *Transforming schools: Creating a culture of continuous improvement*, Alexandria, Virginie, Association for Supervision and Curriculum Development, 2004.

# Optimisez votre budget de formation professionnelle

Solution Tree offre des services de formation dédiée pour vous et votre personnel avec les leaders de la nouvelle pédagogie. Voici les domaines couverts par nos ateliers (en anglais) :

- Professional Learning Communities (**La communauté d'apprentissage professionnelle**) avec Richard DuFour, Robert Eaker, Rebecca DuFour et associés
- **Effective Schools** (*L'école efficace*) avec les associés de Larry Lezotte
- **Assessment for Learning** (*Évaluer pour l'apprentissage*) avec Rick Stiggins et associés
- **Crisis Management and Response** (*Gestion et résolution des situations de crise*) avec Cheri Lovre
- **Discipline With Dignity** (*Discipline et dignité*) avec Richard Curwin et Allen Mendler
- **PASSport to Success** (*Participation des parents pour la réussite*) avec Vickie Burt
- **Peacemakers** (*Prévention de la violence*) avec Jeremy Shapiro

Des présentations supplémentaires sont également disponibles dans les rubriques suivantes :

- Jeunes en difficulté
- Formation d'équipes et collaboration
- Collecte et analyse de données
- Les avantages de la diversité
- Techniques de motivation du personnel et des élèves

**Solution Tree**
304 West Kirkwood Avenue
Bloomington, IN 47404-5131
(812) 336-7700
(800) 733-6786 (toll free)

# COPIES SUPPLÉMENTAIRES ET AUTRES RESSOURCES

Désirez-vous commander d'autres copies de ce livre ? Aimeriez-vous obtenir votre propre copie ? Avez-vous besoin d'autres ressources sur le sujet ? Pour commander, remplissez et postez ce formulaire ou composez, sans frais, le 1 800 733-6786. Vous pouvez également nous faire parvenir votre commande par télécopie au (604) 608-3820 ou par l'entremise de notre site Web au www.solution-tree.com.

| Titre | Prix* | Quantité | Total |
|---|---|---|---|
| Premiers pas : Transformation culturelle de l'école en communauté d'apprentissage professionnelle | 29,50 $ | | |
| Getting Started: Reculturing Schools to Become Professional Learning Communities | 29,50 | | |
| Through New Eyes: Examing the Culture of Your School | 249,50 | | |
| Let's Talk About PLC: Getting Started (vidéo) | 299,50 | | |
| Établir une communauté d'apprentissage professionnelle (vidéo) | 299,50 | | |
| How to Develop a Professional Learning Community: Passion and Persistence (vidéo) | 36,50 | | |
| Professional Learning Communities at Work (ensemble de vidéocassettes) | 695,50 | | |
| Communautés d'apprentissage professionnelles : Méthodes d'amélioration du rendement scolaire | 37,50 | | |
| Professional Learning Communities at Work (livre) | 37,50 | | |
| | | SOUS-TOTAL | |
| | | TAXE DE VENTE | |
| Veuillez ajouter la TPS de 7 % et la taxe de vente provinciale là où elle est exigée. | | | |
| | | LIVRAISON | |
| Veuillez ajouter 8 % du total de la commande. Pour les commandes hors du Canada, composez le 1 800 733-6786. | | | |
| | | MANUTENTION | |
| Veuillez ajouter 6,00 $. Pour les commandes hors du Canada, composez le 1 800 733-6786. | | | |
| | | TOTAL | |

\* Les prix sont modifiables sans préavis.

Chèque joint (à l'ordre de Solution Tree)

Bon de commande joint

VISA, MasterCard ou Discover/Novus (encerclez le type de carte)

N° de la carte de crédit_____ Date d'expiration _____

Signature du détenteur de la carte_____

**ADRESSE DE LIVRAISON :**

Prénom_____ Nom_____

Titre_____

Nom de l'établissement _____

Adresse _____

Ville_____ Province_____ Code postal _____

Téléphone_____ Télécopieur _____

Courriel_____

Solution Tree Education Canada, inc.
C.P. 3250
Mission BC  V2V 4J4  Canada
Sans frais : 1 800 733-6786 • Télécopieur : (604) 608-3820
www.solution-tree.com